NOUVELLES

SUCRÉES OU SALÉES

Associations Bernardiennes

nos livres répondent à

un label de qualité

Bernardiennes est une association de fait entre auteurs indépendants, dont le but est de promouvoir leurs livres par la mise en commun de ressources intellectuelles et techniques sous un même label.

Chaque ouvrage répond strictement aux critères de qualité d'écriture établis par la charte bernardiennes, et a reçu l'approbation de l'unanimité des membres.

Claude DANZE   Alain MAGEROTTE

Georges ROLAND

Claude DANZE
Alain MAGEROTTE
Georges ROLAND

Nouvelles

sucrées ou salées

recueil collectif

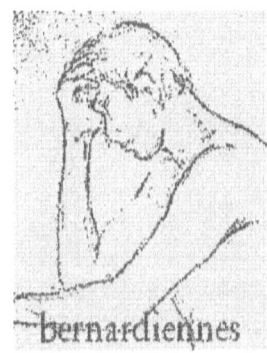

bernardiennes

La raison, c'est l'intelligence en exercice;
l'imagination, c'est l'intelligence en érection.

Victor HUGO

bernardiennes : www.bernardiennes.be

© illustration de Bernadette NEF

© photo couverture : Anne WATHELET

ISBN : 978-2-930738-05-5

Les trois auteurs belges indépendants, fondateurs
des associations bernardiennes, ont juxtaposé
leur univers dans ce recueil de nouvelles inédites
où se retrouve l'écriture spécifique de chacun.
Aucun thème, aucun fil rouge n'a été fixé ; là
réside toute la richesse de ces associations :

nouvelles sucrées ou salées

sont belges et indépendantes,
comme leur auteur respectif.

RETROUVEZ CLAUDE DANZE

FILIGRANES, poésie (2012 Le Printemps des Poètes)

AILLEURS... AUTREMENT..., (2013) roman

LES RENDEZ-VOUS DE MARISSA (2014) roman

MAUREEN'S COTTAGE, roman (2014)

Claude DANZE

romancier

Dans ses romans, il met en scène des gens a priori «sans importance», avec qui la vie n'a pas toujours été tendre. Aux antipodes des super-héros, ses personnages traversent la vie en faisant de leur mieux... Comme vous, comme nous...

Il nous offre ici son approche poétique et contestataire, d'un enfer paradisiaque où les histoires finissent (le plus souvent) bien.

Val n'est pas rentrée...

Morose le temps. La pluie pourtant tranquille s'acharne depuis au moins trois semaines sur le paysage citadin de ce mois de novembre. Il ne fait pas froid mais l'humidité se fait pénétrante, à force de persévérance. Les arbres de la place répandent une odeur de pomme pourrie.

Un homme descend du train de banlieue, ouvre son parapluie avec des gestes de colère et de résignation. Mais il ne se presse pas... Chez lui, sa fille de 16 ans, Val, entretient la pression, fait basculer toutes les règles de coexistence pacifique au sein du ménage dans une incessante provocation. Pas de conversation, des affirmations péremptoires qui ne souffrent aucune contradiction. Entre tout blanc et tout noir, il ne reste que le noir : tous les sujets sont tabous, sources de grogne, de dispute et, depuis quelques jours, d'insultes.

Agressive, l'adolescente prend en otage sa mère et les jumeaux, Florence et Jonathan, plus jeunes. Entre violence verbale, indifférence de façade, envie de lui en coller une et même de la mettre dehors, il ne reste plus de place pour se dire bonsoir, savourer ensemble un bon mot, une nouveauté culinaire, ou simplement parler de sa journée d'école ou de ses ennuis au travail.

De tabou en rebuffade, toutes les tentatives échouent. Même le mutisme est de trop. On lui parle, ça la dérange. On se tait et elle vilipende l'indifférence ambiante.

Alors, il rentre tout à son aise, profitant de ce moment de paix entre le stress du boulot et l'inanité — qu'il espère temporaire — de sa vie de famille. Même la pluie, qu'il déteste d'habitude, lui fait un amical cortège. Dans le parc, il shoote sur les marrons comme un gamin, les propulsant au loin en espérant des faux bonds inédits. Un arbre à larges feuilles, peut-être un tulipier, lui envoie toute sa réserve d'eau dans le cou, au mépris du parapluie ouvert. Même pour cet arbre un peu espiègle sous le vent et la pluie, il garde de l'indulgence tandis que pour l'autre, là, cette chieuse qu'est devenue sa fille…

Qu'aura-t-elle inventé aujourd'hui ? Dans quel état seront sa femme, ses deux autres enfants, qui la supportent depuis son retour de l'école et s'en seront pris plein la gueule pour pas un rond ?

Aujourd'hui, Val n'est pas rentrée.

On croit que ça va nous faire des vacances et voilà qu'elle nous manque. On s'inquiète, on attend, on dîne sans elle, sans envie. On se tait avec plus d'acharnement encore que les autres jours. Dans la soirée, on échafaude des plans, des quadrillages dans la ville, des coups de fil aux hôpitaux et aux commissariats et en fin de compte, on ne fait rien. On va chercher le sommeil, qui se refuse à nous… Attendre encore.

Deux heures. La clé dans la serrure. Val referme la porte en douceur, pour une fois. On l'entend ouvrir et refermer le frigo. On entend l'eau qui coule aux toilettes du rez-de-chaussée. On entend son pas dans l'escalier, mais c'est le pas de quelqu'un qui fait attention à ceux qui dorment. À moins qu'elle cherche à éviter une énième confrontation. Elle monte se coucher, éteint sa lampe. On va enfin pouvoir dormir…

Mais Val n'en peut plus. Elle s'est retirée dans les sombres de son âme, depuis des mois. Alors, elle se relève, allume, se trouve hagarde dans la glace. À qui parler? Où aller? Que faire de son mal de vivre? Elle pleure.

«Papa, maman… Je peux dormir près de vous, comme quand j'étais petite?

— T'es pas un peu grande pour ça?

— Je suis pas bien grosse, en tous cas… Je peux alors?

— Bien sûr Val, on te fait de la place…

— Oui, et tant pis si on a froid aux fesses parce qu'elles dépassent du lit...

— Merci, papa, maman. Je peux vraiment venir près de vous ?

— Tu attends quoi, au juste, qu'on change d'avis ? Allez, viens.

— Bienvenue chez toi, ma fille...

— Vous savez, tout le mal que je vous ai fait...

— C'est rien, ma grande, tu es là, c'est tout. Le reste, on en parlera plus tard...

— Ou jamais, si tu préfères.

— Vous savez quoi ? Je crois que je vais bien dormir. Bisous ?

— Bisous.

— Dors bien, ma fille... »

Ma femme et moi l'avons regardée dormir dans la pénombre de notre chambre, chacun une main pour la toucher, pour nous convaincre qu'elle est bien là. Nos deux plus jeunes arrivent à leur tour, n'en croient pas leurs yeux. Val est revenue !

On a discuté à voix basse tandis que Val dormait comme un bébé. Puis les jumeaux sont remontés au deuxième, dans leur chambre. Flo et Jo ont parlé et ri longtemps avant de s'endormir à l'aube.

Et ce matin, on a tous «oublié» de se lever. On s'est fait porter pâles tous les cinq... On a branché le répondeur. On n'a pas allumé les portables. On n'a pas regardé les nouvelles à la télé. On a fait un bras d'honneur à la morosité. On a volé une journée à la vie... Avec ce parfum d'adolescence, de désobéissance, d'enfance... Et de grands éclats de rire...

Cette nuit, elle a grandi dans sa tête... On a bien fait d'être là, elle a pu nous rejoindre.

Un sacré p'tit bout d'femme, Valérie...

Les camionnettes

Je ne comprends pas tout ce qui se passe, mais il paraît que c'est normal : je suis encore très jeune. Mais là, je ne comprends vraiment pas ce qui m'arrive, il y a vraiment quelque chose qui cloche. Je ne sais même pas où je suis. À travers les hautes herbes, j'aperçois assez loin de moi des lumières blanches qui semblent pressées. De temps en temps, c'est une rouge qui passe dans l'autre sens. Mais je ne peux pas beaucoup bouger, je ne vois pas bien. Je sens quelque chose de dur contre mon dos et je me sens devenir tout raide, à force de ne pas bouger. J'ai froid, j'ai peur et je suis tout seul.

§

Hier, déjà, la vieille dame chez qui je vis — et qui est si gentille, pourtant — ne m'a pas parlé, ne m'a pas regardé, ne m'a pas donné à manger, le matin, comme elle le fait pourtant toujours.

Ce jour-là, il y a eu toutes sortes de gens dans la maison : d'abord le docteur, je le connais, il est toujours gentil avec moi. Mais hier, il m'a enfermé dans la cuisine. Après, ce fut un homme avec une robe noire et une écharpe en dentelle ; il ne sentait pas bon et baragouinait en faisant de grands gestes. Mais il n'avait pas de camionnette, celui-là, au moins.

Depuis la cuisine, je regardais tout ce qui se passait dans la salle à manger. Des hommes étranges en costume noir avec des airs de conspirateurs ont garé leur camionnette noire devant la maison. Par les petits carreaux de la porte, je les ai vus arriver; ils ont retourné la vieille dame dans tous les sens, l'ont lavée, lui ont mis sa belle robe. Ils sont partis avec leur camionnette et la voisine est venue arranger des fleurs dans un vase, allumer des chandelles, renifler bruyamment deux, trois fois. Plus tard, d'autres voisins sont arrivés, avec des têtes toutes tristes et des conversations tout en chuchotements, puis des gens que je n'avais jamais vus et qui semblaient tout en affaire autour de la vieille dame. Il y en a même qui pleuraient (ou qui faisaient semblant, bien sûr).

Tout le monde me regardait gentiment mais personne ne s'est occupé de moi. Je ne comprenais rien, j'avais peur et j'aurais voulu qu'on me rassure. Ils n'avaient sûrement pas le temps. Et la vieille dame, elle, n'avait pas dit un mot de toute la journée.

Vers le soir — j'avais une sacrée fringale et besoin de faire pipi — Aline est arrivée. Elle m'a donné à manger et à boire. Je l'aimais bien

Aline, elle sentait bon, elle était toujours sympa avec moi. Elle m'emmenait jouer et courir dans la prairie, derrière la maison. Mais elle était partie vivre avec son copain depuis quelques semaines. Lui, je l'ai détesté tout de suite. Il parlait fort, il sentait la cigarette et la bière, il n'était pas gentil avec Aline et il l'asticotait toujours quand elle jouait avec moi. Je ne sais pas pourquoi elle est avec lui, ce n'est pas un type pour elle.

Justement, il est arrivé, son copain, avec sa camionnette blanche. Il sentait encore plus mauvais que les autres fois. Il s'est moqué d'Aline parce qu'elle pleurait doucement, assise sur une chaise, près de la vieille dame. Puis j'ai vu qu'il parlait de moi et Aline m'a regardé d'un air tellement triste, tellement désolé.

Il est entré dans la cuisine, m'a attrapé par le collier, m'a tiré dehors et m'a balancé à l'arrière de sa camionnette. Il m'a fait mal. Il a claqué la porte coulissante et a démarré comme un fou. Je ne m'y attendais pas et j'ai volé de tout mon poids contre les portes à l'arrière de la camionnette vide. J'ai crié et j'ai fait pipi. Après, je ne sentais pas bon, moi non plus, et je déteste ça.

On a roulé longtemps, je crois, mais comme j'ai finalement dormi, à l'arrière de la camionnette, je ne suis pas bien sûr. Je me suis réveillé quand on a ralenti et tourné dans un mauvais chemin empierré, avant de s'arrêter brutalement. Il a ouvert les portes de l'arrière, m'a empoigné par le collier, m'a jeté par terre. J'ai crié, mais il m'a donné un coup de pied dans les côtes. J'ai eu très mal et je n'ai plus osé faire de mon nez. Il m'a traîné jusqu'à une clôture et m'a attaché court à un poteau en fer. Il faisait tout noir, on était dans un endroit inconnu, ça sentait mauvais.

Je n'avais pas envie qu'il me fasse encore mal et j'ai pris mon air le plus gentil, avec la tête un peu penchée sur le côté. Je ne voulais pas qu'il me laisse tout seul. Mais il a encore claqué les portes en jurant parce que je n'avais pas réussi à me retenir, il est remonté dans sa camionnette, a démarré comme un fou. Maintenant, je me demande ce que j'ai bien pu faire de mal pour qu'on me punisse si fort... J'ai froid, j'ai peur, je suis tout seul et je pue le pipi.

Quand il a commencé à faire moins noir, une autre camionnette est passée sur la grand-route. Je me suis fait tout plat entre les hautes herbes mouillées, elle ne s'est heureusement pas arrêtée. Puis il y a eu le gros autobus, le même que celui qui emmenait Aline à l'école... Peut-être qu'elle allait venir me chercher? Mais le bus est reparti, elle n'était pas dedans. J'ai encore un peu dormi mais j'avais faim et soif. Il y avait des odeurs qui ne me rappelaient rien, des bruits inconnus : je sursautais tout le temps.

Au petit matin, des phares ont tourné dans le mauvais chemin et une petite camionnette bleue s'est arrêtée juste devant moi. Une dame en est descendue, a manipulé des clefs, a ouvert une barrière et, en remontant en voiture, m'a vu, là, par terre, au milieu des hautes herbes. Elle n'avait pas l'air méchant, elle avait des gestes comme Aline. Elle m'a détaché et elle a essayé de me faire monter en voiture à côté d'elle, mais je ne voulais pas. Elle m'a forcé à monter, je tremblais de peur mais j'ai réussi à ne pas faire pipi sur le siège.

Elle a démarré et on a roulé lentement jusqu'à une grande maison. Elle est venue m'ouvrir la portière et m'a emmené avec elle dans le couloir, sans me mettre de laisse; elle a pris un trousseau de clefs et m'a rappelé près de la porte. Elle est sortie, je l'ai suivie. Elle me parlait tranquillement, sans colère, comme à une grande personne. Je n'avais pas peur. Des chiens ont aboyé. Elle a ouvert une petite porte, a appelé. Un tout noir est sorti de la pièce de derrière et m'a accueilli de façon un peu exubérante. La gentille dame nous a donné à manger et à boire. Il était temps, je me sentais mal. Après, j'ai fait tout le tour de ma nouvelle maison et je suis allé me coucher dans la pièce du fond. Le tout noir m'a laissé dormir, j'ai dormi longtemps.

Le soleil était déjà haut dans le ciel. C'est un type que je ne connaissais pas qui m'a réveillé : il ressemblait au copain d'Aline mais il ne sentait pas la bière et le tabac et il était gentil avec moi. Il m'a mis une laisse et m'a emmené dehors.

Il y avait aussi une dame et un monsieur : j'espérais qu'ils n'allaient pas m'emmener dans une camionnette pour me faire du mal. J'ai pris mon air le plus gentil, avec la tête un peu penchée sur le côté. La dame m'a emmené, en me parlant doucement. Le monsieur avait l'air gentil aussi. On est allé se promener dans les campagnes aux alentours. J'ai fait tout ce qu'ils me demandaient. Ils ont parlé entre eux et ils ont eu l'air d'accord. Ils m'ont pris en photo et ils m'ont raccompagné dans ma cage. Une fois arrivé à l'intérieur, le monsieur m'a détaché et m'a dit qu'ils reviendraient la semaine suivante et qu'on irait encore se promener. Je ne savais pas trop que faire ni que penser.

Pendant la semaine, un docteur est venu. Il m'a examiné de tous les côtés et il m'a dit que j'étais très beau, très gentil et que je n'avais pas de puce ni de tatouage. Il m'a fait des piqûres. Il a fait mon passeport et il m'a baptisé Biscuit. Bon, d'accord, je suis à croquer, mais quand même... Je suis retourné dans la cage, avec le tout noir, qui aurait bien voulu aller aussi chez le docteur, manière de se dégourdir un peu les pattes. Comme le docteur ne l'a pas emmené, on a fait les foufous, puis on a dormi. Dans l'après-midi, une dame venait pour nous promener, d'abord lui, puis moi. Je m'amusais bien, à la campagne.

La nuit, je dormais dans ma maison, j'étais bien, je n'avais plus ni faim ni soif. J'avais juste encore un peu peur, quand j'entendais des bruits bizarres ou quand d'autres chiens, dans d'autres cages, aboyaient méchamment. Le dimanche suivant, la dame et le monsieur ont tenu leur promesse : on est allé se balader et j'ai senti qu'ils m'aimaient bien. J'espérais juste qu'ils n'avaient pas de camionnette pour m'emmener, eux. Après une bonne heure, ils m'ont ramené dans ma cage et m'ont dit qu'ils reviendraient me chercher définitivement la semaine suivante.

§

Quand ils sont revenus, je les attendais tout calmement, je voulais leur faire une bonne impression. Ils sont d'abord venus me voir, ils ont encore eu l'air d'accord, puis ils sont retournés dans la grande maison. Ils ont mis du temps avant de revenir me chercher mais je n'étais pas inquiet, j'avais confiance. Ils sont venus me chercher dans la cage. J'ai juste eu un peu peur quand j'ai vu leur camionnette grise. Mais il y avait une couverture pour moi sur le siège, la dame est montée à l'arrière avec moi et, surtout, il y avait des fenêtres, je pouvais regarder dehors pendant qu'on roulait.

On a roulé un bon moment, j'ai fini par m'endormir... Juste avant d'arriver chez eux, j'ai un peu vomi, à cause du voyage, mais ils m'ont parlé gentiment, avec des gestes comme la vieille dame et comme Aline... Et j'ai su qu'on allait bien s'entendre, tous les trois.

On est arrivés dans un endroit où il y avait des maisons partout. Le monsieur a garé la voiture devant l'une d'elles. La dame m'a aidé à descendre. Il y avait deux garçons qui m'attendaient et, dans la maison, deux chattes et un chien tout hirsute. On s'est tout de suite bien entendus, tous ensemble. Ils m'ont appelé Indy, et j'ai trouvé ça chouette, bien mieux que Biscuit, en tous cas. J'ai reçu à boire et à manger et plein de caresses.

Plus tard, une fille, blonde comme Aline et gentille comme elle, est arrivée. On a joué, elle m'a appris à faire des bisous. Le soir, elle est rentrée chez elle avec un des garçons, ceux de la maison sont montés se coucher, je me suis installé dans mon panier au rez-de-chaussée, tranquille...

J'étais chez moi.

Ma voisine Isa

Elle m'emmerde! Y'a pas d'autre mot, elle m'emmerde. J'étais un directeur sans problèmes et il a fallu que ma voisine Isa échoue dans le service dont je préside les destinées.

Il faut vous dire que ma voisine Isa, ce n'est pas n'importe quel phénomène. Elle cultive le chagrin d'amour comme d'autres le géranium ou le pois-de-senteur. Elle a la larme facile et ne cesse de se répandre sur la cruauté du genre humain en général et l'inconstance des mâles en particulier. Déjà du temps où elle faillit se marier, elle ne cessait de déblatérer contre son futur mari auprès de ses compagnes de cancans, dans les toilettes des dames. La médisance était leur ordinaire, Isa menait la danse, l'infernale sarabande se prolongeait sans vergogne de couloir en couloir.

Puis ce fut «la rupture, bête et brutale» comme disait certain Jacques en semblable occurrence. Je lui en ai voulu. À lui, le futur mari en fuite, veux-je dire. Car dès le lendemain matin, elle faisait le siège de mon bureau, étalait dans une réunion, commencée bien avant son arrivée, ses déboires sentimentaux et son féminisme exacerbé tant par la séparation elle-même que par le public de mon bureau, qui malencontreusement lui prêta attention.

De haute lutte, je conquis le droit de poursuivre mon travail, lui promettant, tout en quittant mon bureau pour m'en débarrasser dans le couloir, de lui accorder une oreille plus attentive un peu plus tard. Elle ne manqua pas de profiter de l'occasion pour me rappeler devant tout le monde un vague lien de parenté — dont j'ignorais tout — et l'obligation morale qui m'incombait dès lors de lui porter assistance dans son malheur. Mes très temporaires compagnons d'infortune se regardaient d'un air entendu, prenant contre moi le parti de la pleureuse. Quand on peut taxer son directeur d'inhumanité, pourquoi s'en priver ?

La réunion se termina bientôt. À peine l'avant-dernier eut-il quitté mon bureau, que ma voisine Isa s'y réinstallait d'autorité.

«Tu comprends...» disait-elle à la fin de chacune de ses phrases... Et je prenais l'air neutre du psy confessant une patiente vaguement névrotique, me disant que j'investissais en laissant ainsi libre cours à son inéluctable incontinence verbale. Qu'elle vide son sac et on en serait quitte, elle et moi, avec une demi-journée de travail perdue !

«Tous des salauds !» disait-elle à chaque fois

que sa logorrhée menaçait de se tarir. Vu les cohortes de larmes qui abandonnaient son corps comme les rats un navire en perdition, je me demandais quand son numéro prendrait fin. Aux limites de la déshydratation, sans doute.

Mon capital d'indifférence, authentique puis feinte, s'épuisait en même temps que ma patience. Je rangeais mes papiers avec acharnement pour ne pas passer mes nerfs sur elle.

«Tu comprends, disait-elle, tous les hommes sont des porcs, ils ne pensent qu'à s'envoyer en l'air avec tout ce qui a des nichons...» Et le processus de déshydratation reprenait de plus belle... Ne la sachant pas capable de vulgarité, je fus surpris et cette soudaine attention de ma part la surprit à son tour.

Je lui tendis ma boîte de *kleenex,* supposant qu'elle avait épuisé la sienne depuis bien longtemps. Elle sembla se remettre, m'adressa un pauvre sourire empreint de gratitude, tout en séchant ses yeux rougis. Comme quoi, c'est dans les petites choses qu'on trouve la consolation.

Je me disais qu'en fin de compte, si elle cessait d'emmerder son monde, ma voisine Isa pourrait être d'agréable compagnie. À mesure qu'elle se calmait, elle parlait de choses et d'autres, à visage découvert, un peu gênée, laissant paraître par moments comme des lueurs du fond de son âme, somme toute pas si noire.

J'eus envie de l'écouter, de la regarder sans préjugé. Elle me conta sa vie, entre sa mère un peu putain la nuit, un peu sainte-nitouche le jour, son père assez violent, puis tout à fait absent. Sa solitude d'enfant et d'adolescente, livrée à elle-même, sans repères, sans amour peut-être. Somme toute une âme meurtrie, comme on disait dans les romans sentimentaux.

Elle proposa elle-même de parler d'autre chose, de regagner son propre bureau pour me laisser travailler. Mais j'avais envie qu'elle ne parte pas... Après tout, rien n'était aussi urgent dans les obscures affaires de l'état, qu'une âme en détresse... Nous avons bavardé jusqu'à l'heure de quitter le bureau. Nous avons même éclaté de rire en imaginant la tête que feraient les autres s'ils nous voyaient partir ensemble. Elle était belle quand elle riait!

Nous les avons bravés sans honte. Le même ascenseur nous emporta tous deux vers la sortie et cette demi-minute d'intimité absolue fut source d'une gêne, plutôt d'un trouble partagé.

Au lieu de rentrer soigneusement par un chemin différent du mien, elle s'accrocha à mon bras. Je la raccompagnai en voiture, lui souhaitai la bonne soirée, la déposai devant l'entrée de la tour où tous deux nous avions nos appartements, à des étages différents. Je remisai ma *607* de fonction au parking, passai prendre mon courrier au rez-de-chaussée, repris l'ascenseur, m'affalai aussitôt rentré dans le *Chesterfield* du salon.

Je la vis passer devant ma fenêtre, les bras en croix, ailes dérisoires d'oiseau mortellement blessé à l'âme, déjà, par sa misérable tragédie : sa vie. Le légiste la fit ramasser presque sans état d'âme, la police n'interrogea presque personne. Elle était morte, ma voisine Isa, dans une indifférence anodine et générale. Je n'eus pas de curiosité.

Ce soir-là, j'ai pensé à la rejoindre, sur le pavé du rez-de-chaussée. Puis, une nouvelle ride au bord des lèvres, amer comme jamais, je l'ai effacée de ma mémoire.

§

L'infirmier en pyjama blanc referme doucement la porte de ma chambre sur mon cauchemar. Ou ne serait-ce qu'un souvenir?

Et mon neuroleptique préféré m'emmène tout droit vers ma nuit, mon néant.

Camille-Pimbêche

Nous étions encore quelques-uns à étudier le grec ancien et la prof nous avait répartis en équipes de deux, chargées de traduire des passages d'Homère, l'Iliade ou l'Odyssée, j'ai oublié, et de toute façon, ça n'a pas d'importance.

D'habitude, je faisais équipe avec mon copain Florent mais, cette fois, j'étais tenu de collaborer avec Camille, sainte-nitouche antipathique que tout le lycée surnommait peu discrètement « la pimbêche » ou, plus simplement, « Pimbêche ».

Mon père me déposa en voiture devant sa porte, quelque part en banlieue. Je n'eus pas le temps de sonner, Camille m'ouvrit, m'accueillit d'un bisou amical, inattendu de sa part. Elle nous installa à la table de la salle-à-manger, où livres de référence et matériel d'écriture n'attendaient plus que nous.

— Mes parents sont partis à la mer...

— Nous sommes seuls, donc ?

— Oui, rien que toi et moi.

— Et Homère...

— Et Homère.

La matinée fut studieuse. De temps en temps, stylo en suspens, réfléchissant au choix d'un terme ou d'une tournure de phrase, je laissais errer mon regard sur les photos de famille, qui saturaient le mur en face de moi. Un couple et un petit garçon, le plus souvent sur la digue, à Ostende : les parents de Camille, vu la ressemblance, et sans doute un frère, dont elle n'avait jamais évoqué l'existence. Enfin, un dernier cliché : la maman, enceinte jusqu'aux yeux, et le gamin, cinq ou six ans. Nulle trace de Camille.

Devant ma distraction récurrente, guidée par la chronologie murale de sa famille, elle ne put remettre à plus tard l'explication :

— Si tu vas à Ostende, pendant les vacances scolaires, tu les verras dès le matin, mes vieux. Ils se lèvent sans un mot, oublient le petit déjeuner. Lui enfile sa vieille gabardine élimée, coiffe sa casquette à carreaux; elle met la robe de la photo, là, et son vieil imper avec un *fleece*. Ils commencent par la digue, le long du port de pêche, vont au bout de l'estacade, reviennent sur leurs pas, marchent jusqu'au *Kursaal*. Ils suivent toujours le même scénario. Au début, ils m'emmenaient. Quand j'ai eu treize ans, je n'ai plus voulu les accompagner. Ils sont partis sans se retourner, me laissant seule ici, toute une semaine.

— Mais c'est dégueulasse !

— Attends de connaître toute l'histoire, avant... Ensuite, ils descendent sur la plage et marchent en scrutant la digue, les vagues, les dunes, la mer. Ils s'arrêtent tous les trente ou quarante mètres, reviennent sur leurs pas, mettent la main au-dessus des yeux pour atténuer le contre-jour, ramassent parfois un débris ou un jouet oublié, avant de le rejeter d'un geste las... Ils n'échangent pas trois phrases de toute la journée. Le rituel est rodé : pas besoin de mots. À quelques mètres près, c'est toujours le même itinéraire... Vers le soir, ils arrivent à Middelkerke. Sept kilomètres à arpenter le sable en tous sens et ils n'ont même pas l'air fatigués... Juste un peu plus voûtés qu'au matin. Alors, ils prennent le tram de la côte et regagnent leur minuscule studio, face aux quais des malles Ostende-Douvres.

— Mais qu'est-ce qu'ils font ?

— Regarde les photos, au mur...

— Tes parents, je suppose...

— Oui, et le gamin, là ?

— C'est ton frère...

— Oui.

— Et là, ta mère, elle est enceinte... de toi ?

— Oui.

— Et pourquoi les photos s'arrêtent?

— Tu n'as pas une petite idée?

— Ton frère est... mort?

— Ils étaient à la plage, tous les trois. Mon père est parti chercher des glaces, ma mère s'est endormie au soleil, sur sa chaise longue... Quand mon père est revenu, mon frère avait disparu. C'est tout ce qu'on sait.

— Et la police?

— Ils ont parlé d'une fugue, se sont montrés rassurants... Voyant qu'on ne les prenait pas au sérieux, mes parents se sont mis à chercher eux-mêmes. Le lendemain, ils ont trouvé le petit camion en métal coloré, avec lequel jouait mon frère avant sa disparition. Deux jours plus tard, des gendarmes ont interrogé des vacanciers sur la plage... C'est tout... Plus jamais mes parents n'ont eu de nouvelles... Depuis, ils le cherchent... Il s'appelle Dominique.

— C'est terrible, cette histoire...

— Ce n'est pas une histoire, c'est leur vie...

— Et toi?

— Je suis née un mois plus tard. Mon père courait sur la plage comme un fou, à la recherche de son fils. Ma mère a pleuré en me voyant, a refusé de me prendre dans ses bras : elle ne s'est jamais occupée de moi. C'est grand-mère Ida qui m'a élevée... J'étais heureuse auprès d'elle, elle s'occupait bien de moi... Elle m'a raconté, petit à petit... Quand elle est morte, il y a sept ans, je suis venue habiter ici. Mes parents n'ont rien changé pour moi. Ils m'ont montré ma chambre, je me suis débrouillée pour monter et défaire mes bagages, faire mon lit, punaiser mes posters... Avant le décès de grand-mère Ida, je les connaissais à peine. Depuis sept ans, je vis entre ces deux vieux fous. Ils ne sont pas méchants, ils ne me parlent presque pas, sinon pour répondre distraitement à mes questions. Plusieurs fois par an, ils retournent sur les lieux de la disparition...

— Vachement triste, ta vie...

— La leur est encore bien pire...

— T'as raison.

— Ça m'a fait du bien de te parler, tu sais... Tu gardes tout ça pour toi, hein, t'en parles pas aux autres, à l'école ?

— D'accord... Tu sais, je comprends pourquoi tu as mauvais caractère...

— Des fois, j'me dis que je devrais m'adoucir avec les autres... Mais j'ai pris le pli. J'ai un rang à tenir, désormais : «pimbêche» je suis, «pimbêche» je reste.

Quand nous avons terminé notre travail commun, en fin d'après-midi, Camille s'est levée, a déroulé le fil du téléphone, m'a tendu le combiné... Elle est montée prendre sa douche. J'ai compris qu'elle n'avait pas l'intention de me dire au revoir. J'ai appelé mon père, j'ai ramassé mes affaires, j'ai crié «au revoir, Camille!», elle m'a répondu «à lundi».

Le lundi, justement, Camille n'eut pas le moindre regard pour moi. Comme d'habitude.

Nous avons eu une très bonne note pour notre travail commun. Les examens passèrent sans que nous échangions plus de dix phrases. Le jour des résultats, je suis arrivé tandis qu'elle repartait : elle ne s'est pas arrêtée.

C'est en la voyant par hasard, dans un jeu télévisé, que je me suis souvenu de cette confession.

Depuis quarante ans, elle ne m'a pas donné de nouvelles, je n'ai jamais cherché à en avoir.

Voilà.

Si t'avais jamais vu un con

Je n'avais rien vu venir mais alors rien du tout.

Pour la Saint-Valentin, je m'étais fendu, cette année-là, d'un voyage pas piqué des hannetons : une semaine et demie de cul-cul-plage à Phuket, en amoureux. *Thalys*, pile à l'heure, *Roissybus* dans la foulée. Pas le temps de prendre froid... Une fois dans la rotonde du terminal 2, elle me fait, l'air de rien :

— Bon, tu vas où encore, toi ? Parce que, pour moi, c'est les Maldives... Et c'est par là.

— ...?

— Si tu voyais ta tête... Eh non, t'es pas invité... Tu peux te faire Phuket tout seul. Ou bien tu ne pars pas, je m'en fous.

— Mais...

— Je te quitte, Édouard, au cas où tu n'aurais pas compris

— Là ? Maintenant ? Mais Diane... Ton billet... Ta valise...

— « Mais Diane... Ton billet... Ta valise... » Si tu savais comme je m'en tape, mon pauvre Édouard !

— ...

Et la voilà qui fait de grands signes à la foule qui sature le terminal. Depuis l'entrée, quelqu'un lui répond. Il la dévore des yeux, l'embrasse distraitement puis accomplit du regard un 270 circonspect. Ce connard sait que je suis là et ça lui fout les jetons. Quand il me voit, ni bien fort ni bien grand, il affiche une tronche écœurante de soulagement. Elle, pas l'ébauche d'un ultime regard.

Leur vol est annoncé, ils partent.

Si t'avais jamais vu un con...

§

J'pars, j'pars pas ? L'enregistrement de mon vol est annoncé. J'y vais. Je tente de faire annuler le billet de Diane et, en même temps, un chauffeur en livrée me demande s'il peut me le racheter. À peine appelé, le chef d'escale s'amène, la transaction se fait. Je me demande qui je vais bien pouvoir me colleter comme voisin jusqu'à Bangkok.

Je glande en regardant partir des zincs vers toutes les directions impossibles et inimaginables. Puis soudain, je bute sur la réalité, ce truc qui m'cst tombé dessus il y a moins d'une heure. J'ai besoin de me poser, je ne me sens pas trop bien. La jeune femme qui s'occupe de l'embarquement s'inquiète pour moi, vient aux nouvelles. Je la rassure tandis que les trois-cent passagers du vol 931 me phagocytent vers la zone internationale.

On embarque. Je m'installe. J'ai envie de pleurer. Ou de mourir. Ou de hurler. J'hésite... Je suis dans le vide. Je ne comprends pas ce qui m'arrive.

Une blonde d'une vingtaine d'années, long manteau à col fourré, remonte l'allée en déchiffrant les numéros. Elle stoppe à ma hauteur. C'est donc elle, la nouvelle propriétaire du billet. Bousculée par un quidam inconvenant, elle manque de peu m'envoyer sa valise de cabine sur la tronche. Je l'aide en maugréant, courtoisie intéressée : c'est juste pour qu'elle arrête de s'agiter et me foute la paix.

— Eh, 'faut pas t'énerver comme ça, fait-elle en enlevant sa veste, découvrant un pull à encolure en V agressivement fuchsia, sur une jupe en jean bien trop courte pour la saison.

— Vous ne voulez pas vous asseoir ? On décolle, là !

— Hé, le râleur, on va être voisins pendant douze heures. Si t'es énervé comme ça tout du long, on n'est pas sauvé.

— Mais je ne vous demande rien, moi. On peut voyager en silence, non ?

— Toi, oui. Moi, je ne crois pas que je vais y arriver.

— Comme vous dites, on n'est pas sauvé, dans ce cas.

Je me suis assis sur le plaid, roulé dans un plastique, que la compagnie met à disposition de chaque passager pour les longs courriers de nuit. La fille aussi se contorsionne pour trouver son confort, probablement pour la même raison. Je râle, j'ai l'air d'un con. Elle boude, ça la rend craquante. Je me retiens de rire, elle pouffe. L'hôtesse, qui passe vérifier si nous ne manquons de rien, doit nous prendre pour un couple qui se réconcilie.

— Je m'appelle Léa, j'ai la trouille en avion, c'est pour ça que je cherche chaque fois quelqu'un pour bavarder. Comme ça, j'y pense moins.

— Moi, c'est Édouard.

— Pfft. Édouard !? Oups, pardon.

— Non, non, c'est assez ridicule, je vous le concède. Et je suis de mauvais poil parce que ma femme devait être assise à la place que vous occupez et qu'elle vient de me plaquer pour partir aux Maldives avec un blond, style maître nageur défraîchi.

— Je suis désolée pour toi, vraiment.

— Merci. Je n'ai rien vu venir, c'est vrai, mais ça fait quelques mois que nous ne faisons plus que nous croiser de temps en temps à la maison. Ce n'est pas si inattendu que ça, finalement.

— Ensemble depuis longtemps ?

— Sept ans et des poussières. Et vous, pourquoi vous êtes là ?

— J'ai une demi-sœur qui vit en Australie... On se rencontre à mi-chemin une fois tous les ans, plus quand il y a moyen. Mes parents sont divorcés et mon père a refait sa vie là-bas. Il a une fille de 17 ans, six ans plus jeune que moi, en fait.

— On dirait que tu n'as pas de problèmes d'argent... Chauffeur en livrée, voyages lointains plusieurs fois par an...

— Aucun mérite. En nous quittant ma mère et moi, mon paternel nous a laissé un substantiel « pré-héritage », disait-il à l'époque.

Tu le vois encore ?

— Lui !? Jamais. Je ne connais même pas sa nouvelle nana.

— Et ta mère?

— Je vis avec elle, on s'entend super bien... Eh, t'es flic, ou quoi?

— Non, employé dans une compagnie d'assurances.

— Ah, bon, j'aime mieux ça. J'aime pas les interrogatoires.

— Là, c'est toi qui prends la mouche pour rien...

— T'as raison. Tiens, les moteurs démarrent, on ne va plus tarder. D'ailleurs, c'est l'heure. Je te conseille de ne pas laisser ta main droite sur l'accoudoir : j'ai tendance à me cramponner au décollage et il paraît que ça ne fait pas du bien.

Je regarde du coin de l'œil ma voisine qui pâlit sous l'effet conjugué des G et de sa phobie. Finalement, elle est plutôt rousse. Pas dans le genre flamboyant : on va dire «blond vénitien». Elle a une jolie peau, des taches de rousseur sur le visage et les avant-bras. Elle me regarde en coin, elle aussi. Une fois atteinte l'altitude de croisière, elle souffle de soulagement, détache machinalement sa ceinture et s'endort en sursaut, vaincue par ses émotions aéronautiques. Moi-même, je somnole en attendant qu'on serve le déjeuner...

§

Vingt-deux heures à ma montre, calée sur le méridien de Paris, ça doit faire dans les quatre heures du matin au-dessus des derniers contreforts de l'Himalaya. J'émerge dans un bâillement presque aussi long que le virage sur l'aile du 747 de la *Thaï Airways* au-dessus du Bangladesh ou du Myanmar. Le poids sur mon bras droit m'informe que la fille d'à côté m'a élu oreiller pour une nuit — bien involontairement, je suppose. J'ai trop chaud, je sors le bras gauche de dessous le plaid. Je me sens à la fois reposé et raide de partout. La fille s'étire, elle aussi, me redonnant par la même occasion un peu d'autonomie. Mais la voilà qui se cramponne à mon bras et me bloque à nouveau. J'ai envie de la laisser dormir encore un peu, tandis que le soleil se manifeste à travers les hublots.

Elle se réveille enfin et me dépose un bisou sur la joue :

— Tu es le plus confortable voisin d'avion que j'ai jamais eu...

— Et toi la voisine la plus... Au fait, bonjour, Léa.

— Bonjour Édouard... La voisine la plus...

quoi exactement ?

— ... la plus endormie ?... la plus culottée ?... la plus hirsute peut-être ? C'est ça, la plus hirsute.

— Hirsute, moi !? Tu vas voir ce que tu vas prendre, à l'atterrissage, toi !

— Essaie, pour voir !

Je me sens comme un gamin, je la regarde rire. Elle file aux toilettes, fait pipi, se refait une mine présentable. Quand elle revient, un rayon de soleil plus rusé que les autres met en évidence quelques faux plis sur sa joue gauche avant de parcourir nonchalamment sa chevelure un peu folle. Je lui confie mes affaires, je me rase et me passe de l'eau sur le visage. Je vais pour reprendre ma place...

Elle n'est plus là !

§

Depuis la zone internationale, je la vois à travers les vitres immenses qui m'isolent de la Thaïlande. J'ameute les policiers, les douaniers, Saint-Christophe et j'en passe. Mais rien n'y fait : ils ne comprennent rien à mes gesticulations, assez peu structurées, il est vrai.

Elle se tourne vers moi, affecte un air désolé,

met ostensiblement <u>mon</u> passeport dans <u>son</u> sac et, sans plus se retourner, s'en va en renversant la tête dans un grand éclat de rire.

Si t'avais jamais vu un con...

Alain MAGEROTTE

nouvelliste

Ce passionné de littérature fantastique et policière, ainsi que de cinéma des mêmes genres, a fini par se lancer, durant le printemps 1997, dans l'écriture de Nouvelles. Ses récits mettent en scène des personnages dont la vie bascule à la suite d'un événement souvent incontrôlable. Des destins tragiques dans un monde qui ne tourne plus très rond. Le tout est saupoudré d'un humour noir. Ne riez pas trop cependant, car ce qui arrive à ses personnages pourrait un jour faire partie de votre quotidien.

Il aborde avec ces trois textes, l'univers des monstres humains.

Sa dernière enquête

«Eh oui, vendredi, c'est le jour du grand départ. Le champagne est au frais, les petits gâteaux sont commandés. De plus, je réserve une surprise à M'sieur Émile : une tarte aux pommes de ma composition ! Il en raffole... comment distu ? S'il est content de voir arriver la fin ? Je pense que oui. Passer quarante ans de sa vie à traquer le cocu revanchard, la fausse veuve éplorée ou le psychopathe dangereux, t'imagines s'il l'a méritée sa retraite... qui va prendre la relève ? J'en sais rien, il n'en parle jamais... Laurent ? Il est encore trop, comment dire... tendre, pas assez taillé... oui, c'est une expression que M'sieur Émile emploie souvent : un diamant brut qui doit être taillé... ou ciselé plutôt... enfin je sais plus.

Bon, je te laisse, il va pas tarder à rentrer. À un de ces jours, salut ! »

La porte s'ouvre et voilà qu'apparaît, souriant, le commissaire Émile Gourdain feignant n'avoir rien entendu de la conversation. La soixantaine entamée, l'homme a quelques rides au front et, pour accentuer le témoignage d'une vie bien remplie, une cicatrice profonde à la joue gauche, provoquée par le ricochet d'une balle perdue, il y a un peu plus de vingt ans.

« Ça va, ma bonne Julie ? Quelle chance j'ai

de vous avoir, tout est toujours propre et rangé, ici... c'est une femme comme vous que j'aurais dû épouser...

— Mais, M'sieur Émile, vous n'avez jamais été marié !

— Exact. Les occasions n'ont cependant pas manqué.

— Je veux bien croire...

— Aucune femme n'aurait accepté de se plier aux exigences d'un métier aussi absorbant. Ce doit être frustrant de vivre avec un compagnon « courant d'air ».

— Oui, mais palpitant. J'imagine les soirées à écouter des récits passionnants... je suis loin du compte avec Albert...

— Albert ? Ah oui, votre époux... comment va-t-il ?

— Il a dû prendre sa pension prématurément. Son asthme le faisait trop souffrir. Pour un facteur, c'est pénible...

— Soignez-le bien, Julie. Et puis, croyez-moi, les soirées, je les ai passées plus souvent au-dehors qu'au coin du feu, rentrant éreinté aux petites heures.

— Mais si vous aviez eu quelqu'un...

— On peut tout supposer, ça n'engage à

rien... »

Julie hésite, Gourdain anticipe sa question :

« Vous vous demandez ce que je vais faire après une vie aussi trépidante ? Je ne m'ennuierai pas. J'ai des tonnes de bouquins à lire et puis, surtout, je vais me remettre à la peinture.

— Ah ça, M'sieur Émile, vous avez mille fois raison. J'aimais beaucoup ce que vous peigniez dans le temps. Notamment ce tableau accroché dans la salle de séjour.

— Le moine sur son prie-Dieu ? Mouais... à regarder de plus près, on remarque de nombreuses imperfections.

— Pensez-vous que ce soit le plus important ? L'artiste ne peint-il pas les choses comme il les ressent et non comme il les voit ? »

Gourdain hausse les sourcils.

« Pour les sujets abstraits, certainement. Ce n'est pas le cas ici... qu'à cela ne tienne, vous auriez fait une remarquable critique d'art, Julie » ajoute-t-il avec un sourire condescendant.

La sonnerie du téléphone met un terme à leur dialogue. « M'sieur Émile » s'empare du combiné. À l'autre bout du fil, la voix un peu mièvre de l'inspecteur Laurent résonne :

« Commissaire Gourdain ! J'espère que je ne

vous dérange pas. Je sais que vous êtes à deux jours de la retraite, mais...

— Allez droit au but inspecteur, vous savez que je n'apprécie guère qu'on tourne autour du pot. Que se passe-t-il ?

— Je ne sais pas encore au juste. Un truc bizarre. Un appel en provenance de la Cité moderne... de drôles d'odeurs émanant d'un appartement... des bruits étranges... des cris, parfois... vite étouffés. Il serait bon d'aller y jeter un coup d'œil... mais en force, je le crains...

— J'arrive... »

Des claquements de portière. De la fourgonnette bleue jaillissent plusieurs policiers qui s'engouffrent dans un immeuble coquet à la façade orange vif. Ils gravissent le premier étage au pas de course, suivis du commissaire Gourdain et de l'inspecteur Laurent. Ils s'arrêtent devant une porte de teinte claire. Sur le panneau de bois, un nom : Potok.

À côté, un autocollant représentant une étoile à cinq branches : un pentacle, l'inquiétant emblème des adeptes de Satan. Des voisins, intrigués, discutent à voix basse le long d'interminables couloirs.

Il ne faut pas plus de quelques secondes aux flics pour venir à bout de la serrure.

La porte s'ouvre sur un petit studio plongé dans la pénombre. Les volets sont clos. Il flotte dans l'air une âcre et insupportable odeur de mort.

À présent, ils restent tous là, immobiles, bouche bée. Ce qu'ils viennent de découvrir leur soulève le cœur : un cercueil trône sur une table basse, au milieu de la chambre ; il est vide, mais les débris répugnants qui jonchent le linceul de satin blanc sont, hélas, identifiables.

Sur des étagères, des urnes funéraires sont exhibées comme des trophées. Elles sont rangées à côté de crânes sciés en deux qui servent de récipients. Des cassettes vidéo, aux jaquettes éloquentes, complètent le décor : messes noires, films macabres...

Une série d'ouvrages consacrés à la gloire du diable, une littérature traitant de la mythologie scandinave et des dieux germaniques, ainsi que les numéros complets d'une revue Luciférienne, *Les Pactes Sataniques*, garnissent les planches d'une bibliothèque placée dans un coin de la pièce. Au mur principal est accrochée une épée de viking.

« Effrayant... »

Le commissaire se tourne vers l'inspecteur qui se bouche le nez au moyen d'un mouchoir :

« A-t-on des renseignements sur ce Potok ?

— À vrai dire, dans ma précipitation, j'ai omis de consulter les fichiers...

— Un mauvais point, inspecteur... si vous êtes amené à me remplacer, il faudra vous montrer moins impétueux, plus réfléchi. Qui vous a appelé ?

— C'est un étudiant qui habite dans l'appartement juste à côté. Un certain Philippe Altaribès, il a un défaut de prononciation, il zézaie... d'après ce que j'ai pu comprendre lors de notre conversation téléphonique, ce Potok est un drôle de type. Il est décrit comme « un être renfermé qui semble attirer la mort ». Lugubre, non ? Il y a deux jours, bien que ne côtoyant personne dans l'immeuble, ce singulier personnage a essayé de gagner le jeune étudiant à sa cause.

— Ouais... force est de constater que le coco semble receler un potentiel de dangerosité à ne pas négliger. Faudra lui mettre le grappin dessus rapidement. Le lien avec les disparitions non élucidées de ces derniers jours pourrait s'établir.

66

Je vais rendre une visite de courtoisie à votre correspondant. En attendant, faites surveiller toutes les issues et dites aux curieux de réintégrer leur logis, y a rien à voir. Pour les « restes », appelez le médecin légiste. »

Laurent s'exécute. Gourdain sonne chez Altaribès.

Une bonne minute s'écoule avant que la porte ne s'ouvre sur un jeune homme d'une maigreur effrayante. Il est habillé tout en noir. Des lunettes opaques cachent ses yeux.

« C'est bien vous, je pense, qui avez averti la police... je suis le commissaire Gourdain.

— ... Oui... entrez... commissaire. »

Le flic pénètre dans l'appartement type de l'étudiant avec son désordre sympathique : une vaisselle de trois jours et des verres encombrent un évier en inox. Çà et là, des bouquins et un syllabus ouvert jonchent le sol, des cadavres de canettes de coca et de boîtes de conserve envahissent une table de salon. Cinq ou six posters de voitures de course sont épinglés au-dessus d'un lit défait.

Quelque chose dénote cependant dans ce tableau d'un classicisme banal : sensibilisé par sa longue expérience des hommes, son flair de flic et sa fibre artistique, Gourdain « n'accroche » pas au personnage qui occupe les lieux et se tient à quelques mètres de lui. Il tente d'expliquer l'apparence originale de l'individu par de longues nuits privées de sommeil, consacrées à l'étude et à des libations estudiantines imposées.

La réflexion d'Altaribès lui revient spontanément à l'esprit : « Un être renfermé qui semble attirer la mort ».

Derrière ses verres fumés, le jeune homme le jauge. Le commissaire se sent mal à l'aise. Une sensation de l'Étrange envahit le vieux baroudeur. Est-ce l'approche d'une retraite imminente qui le rend soudainement si fébrile ? La peur de ne point pouvoir goûter pleinement aux mille et une promesses d'une autre vie, plus sereine, plus calme ? Ce sentiment de crainte, il ne se souvient pas de l'avoir connu ou alors, il l'a oublié... c'était, il y a longtemps... au début de sa carrière, sans doute... Pour qui ? Pourquoi ? Il serait bien en peine de le dire. À son âge, la mémoire se mue souvent en garce pour jouer les infidèles. Sûr qu'à l'époque, le jeune et fringant inspecteur Gourdain n'était pas encore rompu aux tourments qui déchirent des âmes jusqu'à les obliger à commettre l'innommable en sacrifiant des vies innocentes sur l'autel de la folie meurtrière.

Son trouble s'accentue à un point tel que le policier a la conviction d'avoir affaire, non pas à l'étudiant, mais à Potok ! Ce monstre a dû surprendre Altaribès en train de prévenir la police et, fou de rage, s'en est débarrassé. L'arrivée fortuite des flics l'a contrarié, aussi a-t-il dû concevoir, dans la hâte, ce subterfuge pour s'en tirer. Il faut gagner du temps car le tueur sait que le sien est compté et qu'il devra agir très rapidement. Une course contre la mort est engagée. Potok est sûrement déterminé à tout pour sauver sa peau...

« Je vous sens nerveux, commissaire... pourtant ce type de découverte doit vous être familier... » Comme par enchantement, l'étudiant a perdu son zézaiement, faisant disparaître, s'il existait encore, le moindre doute quant à son identité.

L'inspecteur Laurent devrait venir aux nouvelles accompagné du médecin légiste. Ragaillardi par ses certitudes, Gourdain décide de provoquer le faux étudiant.

« Je pense, mon cher... Potok, que la récréation est terminée. Il est temps de tomber le masque... »

L'assassin se raidit. Un sourire forcé se fige sur ses lèvres. Puis, le visage redevient grave. Il ôte ses lunettes et laisse découvrir des yeux clairs, presque transparents, qui restent fixes. Un regard terrifiant qui donne le frisson et révèle les abîmes où sombre une conscience. Et c'est l'horreur pour celui qui découvre l'indicible perversion d'un être humain, la nuit qui l'entoure et dont il ne peut s'extraire. Horreur qui participe d'une abominable schizophrénie.

Potok s'exprime en articulant chaque mot :

« À la réflexion, commissaire, bien que nous ayons emprunté des sentiers différents, nous nous rejoignons au bout du chemin pour nous unir devant la même fascination : celle de la mort ! Vous, par vos activités professionnelles, moi, par passion, par amour. Je suis un intoxiqué... il faut que je la sente, que je la touche, que je la voie... j'habite avec elle, je dors avec elle. Mes adeptes, je les recrute parmi les chômeurs, les lycéens en rupture de diplômes. Des gens qui ne trouvent pas leur place dans une société qui ne s'intéresse qu'aux nantis. Je les initie à certaines pratiques. Ils m'obéissent et donnent à la mort l'importance que leurs semblables refusent de lui accorder en feignant de l'ignorer, en la repoussant, en la fuyant alors qu'elle représente le dénouement inéluctable et apaisant vers lequel nous nous dirigeons tous, un jour ou l'autre... »

Une certaine effervescence trouble à nouveau l'ambiance de l'immeuble. Elle rassure Gourdain. La pénible confrontation va prendre fin. Il profite de l'instant pour tancer son adversaire :

« Vous êtes un malade, Potok. Il faut vous faire soigner !

— Votre réaction me déçoit, Monsieur le redresseur de torts. J'attendais beaucoup mieux de votre part... »

Potok décide de jouer son va-tout et se jette sur le policier. Ce dernier perd l'équilibre et s'affale sur le sol qu'il heurte violemment de la tête. Le tueur se précipite alors vers la porte, arrive sur le palier où s'intensifient les éclats de voix et les bruits de pas. Il n'a pas le temps de choisir le côté pour fuir qu'un flic déboule, trouve son attitude suspecte et le hèle. Le malheureux n'a pas le temps d'esquisser un geste. Potok lui administre un coup de boule qui l'envoie aux pâquerettes. Toutes les issues étant gardées, il ne reste au meurtrier que la solution de prendre Gourdain en otage.

Il réintègre l'appartement, s'empare de l'épée de viking accrochée au mur et fond sur le commissaire. Ce dernier, groggy, tente de se relever ; l'autre lui administre un coup de pied dans les flancs. Le policier s'affale sur le dos.

Tel un gladiateur victorieux, Potok pointe alors le bout de son arme sur la poitrine de Gourdain.

« Dites à vos amis de me laisser filer, sinon...

— Vous n'avez aucune chance de vous en tirer », dit le commissaire, le souffle court, grimaçant de douleur.

Laurent et deux flics surgissent dans l'encadrement de la porte. D'une main tremblante, pestant de s'être fait piéger comme un débutant, l'inspecteur, tenant Potok dans sa mire, hurle :

« Lâche cette épée ou je tire !

— Baissez votre flingue ! Surtout, n'essayez pas de jouer au plus malin, au moindre geste suspect, je n'hésiterai pas à exécuter le commissaire ! Vous allez suivre mes instructions à la lettre... »

Laurent baisse sa garde. Gourdain le prie de ne pas répondre aux injonctions du criminel et s'empare du bout de l'épée qu'il détourne de sa poitrine.

Potok, peu habitué à de la résistance, voit rouge. Il se rend à nouveau maître de son arme, l'enfonce dans l'abdomen du flic puis, se jette sur le côté au moment où l'inspecteur tire. Touché au mollet, hurlant des incantations démentes, le meurtrier, devenu la cible d'un feu nourri, passe à travers la fenêtre qui donne sur l'arrière-cour du bâtiment et va s'écraser quelques mètres plus bas.

De son portable, l'inspecteur Laurent appelle les Secours puis se précipite au chevet de Gourdain qui perd beaucoup de sang.

« Commissaire... l'ambulance sera là d'un instant à l'autre. Je vais essayer d'extraire l'épée...

— ... Ne vous donnez pas ce mal, inspecteur Laurent. Je sens que la vie s'échappe... je pars un peu plus tôt que prévu, c'est tout. La mort finit toujours par nous rattraper... n'est-elle pas... le dénouement inéluctable et apaisant ?

— Ne parlez pas, commissaire. Tout se passera bien, vous verrez...

— Allons, inspecteur, mon temps est compté au plus court... cette fin prématurée ne me laissera qu'un regret...

— ... Celui d'avoir répondu à mon appel?... De ne pas être intervenu plus tôt?... De ne pas avoir pu anticiper l'acte de ce forcené ?...

— ... Rien de tout cela, rassurez-vous, mon cher Laurent... j'ai seulement le regret de ne pas pouvoir déguster la tarte aux pommes que Julie a préparée pour mon départ... »

Tératologie

« Ce ne sera guère long, Mademoiselle Mornay... »

L'inspecteur Garcia prononce ces paroles sur un ton monotone. Cette formalité relève de la routine pour ce grand gaillard déplumé. Des cadavres, il en a vu des centaines dans sa carrière et celui-ci ne devrait se distinguer en rien des autres. C'est loin d'être mon cas. De plus, l'émotion est double : l'identification d'un mort n'a rien de réjouissant et l'appréhension que ce ne soit pas le bon, me noue la gorge. Quel curieux paradoxe que celui de vouloir se brûler à la chaleur de la vie par le froid glacial de la mort.

Je domine l'anxiété qui me ronge. Ce DOIT être lui, car, je ne pourrais supporter cette épreuve davantage.

L'esprit ancré dans cette idée, j'approuve l'avis du policier d'un signe de tête. Ce dernier respecte mon mutisme. Mon teint blafard est la preuve tangible de la peur qui m'étreint et qui m'a valu de nombreuses heures de veilles, ainsi qu'un séjour à l'hôpital.

Le bruit de nos pas résonne dans ce couloir interminable, trop richement éclairé comme si l'on voulait donner de la couleur à cet endroit sinistre.

« Oh, mon Dieu, faites que ce soit lui » me répété-je. L'inspecteur Garcia se retourne, comme si ma prière lui était parvenue, répercutée, telle une balle magique contre un mur.

« Si ce n'est pas votre homme, je mettrai un policier en faction devant votre immeuble » me rassure-t-il, d'une voix toujours aussi monocorde.

Une promesse qui me réchauffe le cœur quelques instants. Son effet dissipé me replonge dans les eaux troubles de la peur.

Nous nous arrêtons devant une double porte dont chaque pan est garni d'une petite fenêtre rectangulaire. Soudain, une tête apparaît derrière celle de gauche. Je pousse un cri. Garcia me regarde, le sourire fatigué.

« Le légiste, il nous attendait... »

Encore un peu de patience et je saurai enfin.

Après les politesses d'usage, le médecin se met à parler mais je ne l'écoute pas. Il me tarde de constater, de visu, si c'est bien cet être malfaisant qui repose à la morgue.

Les deux hommes échangent encore quelques propos. On dirait qu'ils veulent faire durer le suspense. J'ai hâte d'en finir.

Le grincement métallique du tiroir qui

s'ouvre laisse bientôt apparaître un linceul recouvrant une dépouille. Le légiste soulève le drap.

« Est-ce lui ? » interroge Garcia d'une voix cassée.

« Oui... » réponds-je presque imperceptiblement. Le cauchemar prend fin à la seconde même face au corps du monstre saisi par la *rigor mortis.*

Comment en suis-je arrivée à souhaiter la mort d'un homme ? Tout naturellement, lorsque me revient en mémoire le film de ces derniers jours.

Ma première rencontre avec ce démon à visage humain remonte à quand ? Je ne sais plus au juste, tout a été si vite. Jeune journaliste débarquant dans un grand quotidien de la ville, j'obtiens la chance de ma vie, du moins le pensé-je, en ayant la charge de réaliser un reportage sur le professeur David Carpenter, un brillant savant dont les travaux sur les comportements humains ébranlent de nombreuses thèses, devenues caduques. Il s'attelle à démonter le mécanisme de l'agressivité chez l'individu.

Le rédacteur en chef me jette tout de suite

dans le bain. N'est-ce pas le meilleur moyen d'apprendre à nager dans les flots tumultueux de la concurrence ?

Je crois surtout qu'on pensait que j'allais me planter et que ça me servirait de leçon pour l'avenir. Je ne jurerais pas, en toute modestie, que mon physique n'est pas étranger à cette façon de procéder. Dans un monde dirigé par les hommes, le fait d'être jolie n'est pas un gage de réussite. L'a priori stupide et machiste de l'incompatibilité entre la beauté et l'intelligence, chez une femme, a encore de belles années à parcourir...

Lorsque Carpenter me reçoit chez lui, je suis aussitôt sous le charme du bonhomme, du charisme qu'il irradie. Le professeur est aux antipodes de l'idée générale que l'on a du scientifique un peu fou, absorbé par son travail. Plutôt grand, le teint buriné, des yeux verts, francs, une chevelure noire ramenée en arrière, lui confèrent un physique de jeune premier. Je l'imaginais mieux sous les feux des projecteurs, qu'assis derrière un bureau austère, envahi de notes froissées et de bouquins aux pages jaunies.

Tout chez cet homme respire le calme et la distinction. Il répond avec complaisance aux questions que j'ai préparées. Si certaines d'entre elles sont maladroites, il ne s'en offusque point et rectifie le tir avec élégance. Son regard direct me met mal à l'aise. Il s'en excuse presque.

Carpenter pousse le raffinement jusqu'à s'inquiéter de la consistance de mon travail et me souffle deux ou trois suggestions pertinentes. Décontraction et sérieux se confondent, chez cet être, en un sensationnel assortiment. Conquise par ses travaux que je considère d'un intérêt suprême et impressionnée par un homme qui me redonne un cœur de midinette, j'envisage déjà de proposer à la rédaction une seconde entrevue avec David Carpenter.

À la fin de l'entretien, il se propose de me raccompagner. A vol d'oiseau, mon studio n'est pas très éloigné, mais il est tard et je ne veux pas courir le risque de rentrer à pied. Depuis quelques jours, en effet, nos rues, le soir, ne sont pas sûres. La veille, la police a découvert, dans le quartier voisin, le corps sans vie d'une femme violentée avant d'être massacrée. C'est la cinquième victime d'une série de viols, suivis de meurtres atroces. Quel monstre peut-il se comporter de la sorte ? J'en frémis rien que d'y penser.

Cette nuit-là, j'éprouve toutes les peines du monde à trouver le sommeil. Je me redresse plusieurs fois en nage, imaginant que, tapi dans le noir, le violeur me guette. Une étrange conviction qu'il m'épie pour, au moment opportun, se jeter sur moi et assouvir ses bas instincts. Ce sentiment d'insécurité croît au fil des jours.

Malgré mes insomnies, objets de moquerie à la rédaction, je poursuis mon travail avec assiduité. En raison de la qualité de mon reportage, j'obtiens l'autorisation d'en effectuer un autre sur le professeur Carpenter. J'essaie de le contacter, mais sans succès. Je reporte ce projet à plus tard quand... il m'appelle pour m'inviter à dîner ! Ce que j'accepte avec enthousiasme.

Tout occupée à me préparer, je prends connaissance des nouvelles qui passent à la télévision. Le journaliste de service annonce la découverte d'un sixième corps horriblement mutilé. Un acte barbare perpétré, sans nul doute, par l'ignoble et énigmatique créature. Je suspends ma toilette pour regarder les images et pousse un cri à la vue de la jeune femme assassinée... elle me ressemble comme deux gouttes d'eau !

Prise de vertige, je m'assieds pour ne pas

tomber.

« Allons, ce n'est là que pure coïncidence » n'empêche que... se reconnaître dans les traits d'une pauvre fille odieusement torturée... il y a de quoi paniquer en imaginant qu'on aurait pu être à sa place...

Je me sers un verre de cognac pour me remettre en selle puis, toujours sous le choc, termine mes ablutions.

Il est vingt heures pile lorsque la sonnerie de la porte d'entrée retentit. Mon cavalier est ponctuel. Voilà une exactitude qui s'ajoute aux maintes qualités perçues chez cet être d'exception. Je suis tentée de lui demander s'il y a quelqu'un dans sa vie... mais pas tout de suite... plus tard... dans la soirée... je crois que je suis amoureuse !

Le trajet me paraît court, pourtant on a traversé la ville pour gagner le faubourg Est, un coin commerçant où les patrons des nombreux restaurants rivalisent d'ingéniosité pour appâter le client. Le professeur Carpenter a choisi de m'initier aux délices de la Nouvelle Cuisine Française et m'en parle avec passion, me donnant même des recettes de son cru. Comment ne pas être subjuguée par une telle compétence dépassant le cadre habituel de sa spécialité ?

David Carpenter est un extra-terrestre

Alors que je consulte le menu, il me dévisage avec une curiosité troublante. Confuse, les joues empourprées, je lève les yeux dans sa direction et tente de soutenir son regard en pleine séance de séduction. Je me trouve à la fois ravie et décontenancée de ce qui m'arrive, cherchant un sujet de conversation pour reprendre pied. L'apéritif me fait retrouver un peu d'aplomb ; comme je n'ai pas mangé grand-chose depuis le matin, l'effet euphorisant du Pineau des Charentes est instantané et me délie la langue :

« Professeur Carpenter, vous qui faites des recherches sur le comportement agressif chez l'individu, que pensez-vous de ces crimes odieux ?

— Maintenant que l'on se connaît bien, appelez-moi David » fait-il doucement. Il boit une gorgée, joue avec le liquide dans la bouche pour s'imprégner du goût et poursuit :

« Il faut savoir, Sarah, que tout homme normal est capable, sous l'impulsion d'une violente colère ou d'une profonde détresse, de s'adonner à des outrances insoupçonnées.

L'auteur de ces terribles délits en est sans doute arrivé à ne plus pouvoir contrôler ses pulsions primaires. Notre homme...

— ... Qui vous dit que c'est un homme ? Vous me paraissez bien sûr de vous » coupé-je pour le taquiner. Son visage s'assombrit, je ne m'attendais pas à le déstabiliser. Il incline la tête sur le côté et me regarde, perplexe.

« Allons, professeur, pensé-je, remettez-vous, ce n'est qu'une plaisanterie... » Une curieuse lueur passe dans ses yeux, il se reprend élégamment :

« Je ne crois pas une femme capable d'une telle cruauté... où en étais-je ?... Vous avez coupé le fil de mon raisonnement... ah oui ! Disons que... notre monstre, devant le fait d'être impuni et l'impuissance de la police, en est arrivé au stade où il considère cela comme un jeu...

— Un jeu ! m'écrie-je, horrifiée.

— Cela peut heurter, mais c'est plausible...

— Mais, David... » Je deviens rouge comme une pivoine, ce qui semble plaire à mon interlocuteur. Un sourire enjôleur illumine son visage.

« Lors de mon interview, vous n'avez pas fait allusion à cet aspect ludique...

— Je n'avais pas l'intention d'entrer dans des détails incongrus, au risque de choquer. Et puis, un scientifique aime garder une part de mystère... au fait, Sarah, que diriez-vous de devenir ma collaboratrice ? J'ai besoin de quelqu'un d'efficace qui retranscrirait les résultats de mes travaux. L'écriture n'est pas mon fort, je dirais même que cela m'ennuie plutôt...

— Je... »

Devant ma confusion, Carpenter vient à ma rescousse.

« Ne me donnez pas de réponse immédiate. Je ne veux pas brusquer une décision qui serait prise sur un coup de tête. Prenez quelques jours pour mûrir votre choix. Cependant, cela me débarrasserait d'une sacrée corvée. Enfin, je vous avoue que dès notre première rencontre... je... je suis tombé amoureux de vous ! »

Je reste muette, c'est trop beau. On a peut-être tort de se sous-estimer mais... je ne m'imaginais pas capable de mettre à l'épreuve un homme d'une telle envergure. Devant mon embarras, Carpenter a le bon goût de dévier la conversation en analysant les qualités comparées des vins de Bordeaux et de Bourgogne.

La soirée est un enchantement. Je flotte sur

un petit nuage et, pour tout dire, j'ai déjà pris ma décision. Dès demain, je remets ma démission au journal. Le dernier bastion de ma résistance s'est effondré... si le professeur me propose de passer la nuit avec lui... j'accepte, sans hésiter. Mais il a le tact de ne rien demander.

Il est tard lorsqu'il me raccompagne. Je propose de monter boire un café, il refuse. Un congrès à l'étranger doit l'éloigner pour deux ou trois jours, il prend l'avion le lendemain matin. Quelques détails à régler l'empêchent de m'honorer davantage de sa présence. Nous prenons tout de même le temps d'échanger un long baiser avant de nous quitter. Il me promet d'appeler dès qu'il le pourra.

David Carpenter remonte dans son véhicule. Béate, je regarde la voiture s'éloigner et se laisser absorber par la nuit.

J'attends encore un moment, bercée par la douceur de la soirée, avant d'introduire la clé dans la serrure.

Soudain, un bruit suspect stoppe net mon geste et me cloue sur place. La terrible sensation d'être épiée me reprend. Une impression si forte, que je n'ose pas me retourner. Il faut pourtant que je réagisse. Surmontant ma peur tant bien que mal, j'essaie de distinguer quelque ombre menaçante à travers la vitre de la porte d'entrée contre laquelle se colle la lumière blanche d'un réverbère.

N'entrevoyant rien ni personne, je fais brusquement volte-face à la haie qui dessine les contours d'un carré parfait en ceinturant un parterre de fleurs, offrant couleur et vie à ce lieu morne écrasé par l'austère façade grise de l'immeuble.

La haie a bougé ! Un tout petit peu, mais elle a bougé. Je n'ai pas la berlue. Une présence néfaste est à l'affût, là, derrière cet écran feuillu, prête à perpétrer une mauvaise action...

« Qui que vous soyez, montrez-vous ! » hurlé-je.

Bien entendu, je n'obtiens aucune réponse.

Pressentant le danger, ma témérité passagère se mue en peur incontrôlable. J'ouvre nerveusement la porte et cours vers les ascenseurs comme si j'étais poursuivie.

Je ne me sens en sécurité qu'une fois à l'intérieur de mon appartement. M'approchant avec précaution d'une fenêtre, j'effectue aussitôt un bond en arrière. Je ne m'étais point trompée.

Désertant la haie qu'il avait choisie comme

poste d'observation, quelqu'un se déplace, le visage tourné dans ma direction. D'où je suis, il m'est impossible de discerner ses traits. L'inconnu s'évanouit bientôt dans la pénombre.

J'alerte la police.

Une voix anonyme me promet de faire le nécessaire en envoyant un message à une patrouille qui sillonne le quartier et m'invite à faire une déposition le lendemain.

Un calmant et une bonne nuit de repos m'aideront, je l'espère, à retrouver la sérénité.

D'horribles cauchemars hantent ma nuit. Je dors peu, persuadée d'être traquée par le tueur.

Dès huit heures, je téléphone au journal pour prendre un jour de congé. Je rédige, ensuite, ma lettre de démission, la glisse dans ma poche, et me rends au commissariat.

Malgré une couche de fond de teint et un habile maquillage, je ne parviens pas à dissimuler les stigmates de la fatigue. L'agent de faction écoute mon récit sans sourciller.

Quand j'ai terminé, il saisit un épais dossier rangé sur une étagère et déclare d'un ton péremptoire :

« Mademoiselle, depuis que ce malade sévit, ce sont des dizaines de plaintes journalières que nous enregistrons. Elles sont toutes contenues là-dedans... »

Il tape du plat de la main sur la couverture en carton puis, allume une cigarette :

« En fait, il s'agit d'une réaction hystérique en chaîne causée par ces abominables forfaits. La plupart des femmes ont peur et se sentent menacées. Notez que, jusqu'à présent, ce cinglé ne s'en est pris qu'aux femmes plutôt jolies ce qui... ne devrait point vous rassurer ! »

Si ce fin psychologue voulait entretenir mon angoisse, il ne s'y prendrait pas autrement. La suite de son monologue me fait apprécier le tact policier et l'efficacité des hommes en uniforme.

« Y a des plaignantes qui n'ont toutefois rien à craindre... mais, par délicatesse... vous comprenez ? Et puis, toutes les pistes sont à explorer... même si certaines alarmistes ont tendance à exagérer le danger. D'accord, il est réel, gardons pourtant notre sang-froid... la police veille ! Vous savez, Mademoiselle Mornay, elle a pour habitude d'accomplir un boulot remarquable. Dès lors, elle finira par tomber sur le paletot de cette ordure... »

Je signe ma plainte qui va grossir le tas. Si la police est sur les dents, pourquoi s'inquiéter ?

Les victimes souffraient probablement d'un manque d'informations. Finalement, le discours de ce brave flic me ramène le sens de l'humour. C'est toujours ça de retrouvé...

Revigorée, je décide de canaliser mon énergie sur le bonheur futur qui s'ouvre à moi.

Désormais, mes pensées se concentreront sur mon job auprès de l'adorable professeur Carpenter. D'ailleurs, il me manque. Il me plairait de l'avoir à mes côtés dans ces moments pénibles.

Je suis loin d'imaginer ce qui m'attend.

De retour dans mes pénates, je me prépare un copieux repas, arrosé d'un verre de vin. Un appétit allant de pair avec une volonté nouvelle ancrée en moi. Je m'amuse à l'idée qu'il faudra faire part de mes intentions à maman dont j'imagine déjà l'inquiétude au sujet de la différence d'âge. Au fait, quel est l'âge de David ? Quarante-cinq... cinquante ans ? Est-ce vraiment un handicap ?... Un proverbe n'affirme-t-il pas que quand on aime, on a toujours vingt ans ? Je souris à l'énoncé de cette maxime.

« Tu m'as l'air si sûre de toi... mais, il paraissait si sincère... »

J'entame la vaisselle quand le téléphone

sonne.

« Allô, Sarah ?... Je sais que tu « conges » aujourd'hui, mais ce qui va suivre devrait t'intéresser... tes insomnies vont prendre fin ! La police aurait mis la main sur le tueur... enfin, on en est quasi certain...

— Qu'est-ce que tu me racontes ?... Impossible, j'ai quitté le commissariat il y a un peu plus d'une heure et...

— T'énerve pas, ma grande, je te livre le contenu du télex tombé à l'agence et l'annonce faite à la radio, il y a quelques minutes... tu ne l'écoutais pas ?... En outre, je te rappelle que j'ai dit « aurait »...

— Merci, Max, au fait, j'aimerais te parler...

— Demain, si tu veux, j'ai un boulot monstre, bouh ! »

Nous raccrochons simultanément.

Prenant mon sac à la sauvette, je file au poste de police.

D'autres confrères piétinent déjà à l'entrée. La foire d'empoigne habituelle. Les micros se tendent dans un tohu-bohu indescriptible vers un type, aussi serré que les boutons de sa veste, qui délivre un communiqué laconique :

« Au moment de son arrestation, l'homme

n'a opposé aucune résistance. Il semblait perdu, hébété, errant comme un chien abandonné par un maître peu scrupuleux. C'est un voisin de la villa des Romer qui, intrigué par son manège, a prévenu la police. L'individu pourrait épouser le profil du tueur psychopathe recherché, depuis plusieurs jours, par les services d'ordre. Son comportement étrange et ses grognements nous incitent à le soumettre à un examen psychiatrique. Ici se termine mon exposé. Je vous remercie de votre attention. »

Je pense au beau spécimen d'étude que cet homme offrirait à David.

Chemin faisant, je palpe, à travers le tissu de la poche de ma veste, la lettre de démission rédigée ce matin.

Bizarrement, la joie spontanée liée à la proposition du professeur de travailler à ses côtés s'estompe. Je ne suis qu'à l'aube de ma carrière et j'aime mon boulot de journaliste. La preuve vient de m'en être apportée avec le coup de fil de Max. J'ai démarré au quart de tour pour courir aux nouvelles. O.K., je ne contesterai pas que cette réaction est liée à une angoisse personnelle, une envie pressante de me rassurer... et puis, zut, je ne sais plus très bien où j'en suis. J'éprouve vraiment un urgent besoin de repos. Tout se mélange dans ma tête.

Comme j'atteins les derniers mètres me séparant de mon habitation, je reçois un choc : la voiture de David est garée le long du trottoir ! Son propriétaire devait guetter mon arrivée à travers le rétroviseur car il bondit hors de son véhicule pour courir à ma rencontre. Il parait soucieux.

« David, quelle surprise, je... »

Il ne me laisse pas terminer ma phrase. Me saisissant la main, il plaque ses lèvres contre les miennes. Je le sens nerveux, impatient, donnant même l'impression de se forcer à m'embrasser. Relâchant son étreinte, il m'invite à me rendre chez lui. J'accepte, intriguée.

Je veux lui demander si le congrès a été différé ou annulé, étonnée de le voir déjà de retour. Il ne m'en donne pas l'occasion, m'éclairant lui-même à ce sujet.

« En fait, Sarah, ma participation à un congrès n'était qu'un fallacieux prétexte. Il m'importait de tester le sentiment que j'éprouvais pour toi en prenant mes distances...

— Et... quel est le verdict, docteur ? fais-je, amusée.

— Le constat, chère patiente, est brutal ; je ne peux me passer de votre présence... »

Flattée, je ne sais que répondre. Dans ce cas, les mots semblent superflus. Je mets la nervosité, perçue tout à l'heure chez David, sur le compte de l'émotion due aux retrouvailles.

Il fait soudain allusion à l'arrestation du tueur.

« Ils l'ont attrapé... bonne chose. Je peux à nouveau respirer... d'autant qu'ils n'en tireront rien... »

Pourquoi ce « je peux à nouveau respirer » ? Après tout, l'assassin ne s'en prenait qu'aux femmes. Ensuite, il y a cette dernière remarque, plutôt équivoque.

Face à mon étonnement, il tente de se rattraper :

« Vois-tu, Sarah, nous ne formons qu'un... je sais, je vais un peu vite en besogne... mais, sache, que je souffrais autant que toi de la peur que te causait l'idée de devenir la proie de cette abominable créature. L'angoisse qui t'oppressait, je la ressentais, sincèrement, au plus profond de mon être. Maintenant, elle est hors d'état de nuire... »

Je ne suis guère convaincue, d'autant qu'il a

95

proféré ces paroles sur un ton hésitant. Quelque chose le turlupine.

Nous sommes installés dans son living-room. David m'offre un rafraîchissement.

« Sarah, je t'en supplie, crois en la loyauté de mon amour ! »

Cette insistance lourde ne cadre pas avec le prestige du personnage. De plus, je le trouve très agité et perçois ses déclarations répétées comme des préambules à la divulgation de quelque chose de terrible qu'il a difficile à confesser.

« David, que se passe-t-il ? Qu'est-ce qui te tracasse ?

— Mes recherches... il y avait un grain de sable dans la machine... tout est rentré dans l'ordre, à présent...

— N'est-ce pas normal dans une discipline aussi exigeante que la tienne ? » dis-je, apaisante.

Il me toise durement. En un instant, l'amoureux transi se transforme en statue de marbre au regard froid, immobile, impénétrable. Je ne le soupçonnais pas capable d'une telle métamorphose et ne sais quelle attitude adopter, ressemblant à un funambule en rupture d'équilibre. Je trempe alors mes lèvres dans mon verre pour m'occuper pendant qu'il m'examine avec intensité.

L'idée qu'il va me proposer de faire l'amour, me vient à l'esprit. Suis-je tellement naïve ou encore si amoureuse ?

Quand il m'intime « suis-moi » sur un ton sans réplique, j'excuse ce comportement goujat en le mettant sur le compte de l'anxiété car, cette rudesse ne lui ressemble pas. J'aurais préféré le coup de la panne d'essence, même si elle a un côté désuet.

Quelle candeur ! Je le reconnais aujourd'hui. Mais, comment pouvais-je deviner, à ce moment précis, la sinistre vérité ?

Le professeur m'enjoint donc de le suivre... à la cave. Pourquoi pas ?... L'accès en est protégé par une porte cadenassée.

Lorsque David actionne l'interrupteur, je suis frappée de stupeur. Cet endroit est aménagé en laboratoire expérimental ! Au fond de la pièce, s'élève une cage de fer dans laquelle est séquestré un homme... ou plutôt une sorte d'humanoïde... de monstre... qui, en m'apercevant, saisit les barreaux pour les secouer avec une telle vigueur que je les imagine volant en éclats, libérant ainsi la chose qui fondrait sur moi, animée des pires intentions. Mais le monstre, devant l'inanité de ses efforts, lâche prise en grognant comme un chien à qui l'on voudrait soustraire un os. Son regard féroce me glace les sangs. Je recule en criant :

« David, que signifie ? C'est quoi ÇA ?

— Sarah, je te présente Josh... Josh, je te présente Sarah » fait-il, joyeusement.

Un hurlement lugubre sort de la gorge du prénommé Josh.

« David, continué-je, épouvantée, est-ce toi, l'auteur de cette monstruosité ?

— Sarah... permets-moi de te donner un cours succinct sur mes derniers travaux... j'ai injecté, à ce misérable, et à intervalles réguliers, une dose de sérum de ma composition que j'ai baptisé « Formule I.H.N. », c'est-à-dire, « Formule Inhibitions Humaines Neutralisées ». Ce sérum bride toute forme de pensée rationnelle pouvant engendrer, même dans une colère noire, la moindre restriction de violence, voire d'envies meurtrières. Il faut cependant bien respecter la posologie sinon, son cœur ne tiendrait pas. Ne perdons pas de vue que chaque colère conduit à une hypertension aiguë. J'ai dû insérer un inhibiteur de l'enzyme de conversion de l'angiotensine, calculé au prorata du poids de l'individu. Celui-ci pourra donc donner libre cours à une agressivité débridée qui augmentera inconsidérément ses pulsations cardiaques sans risque et sans réduire sa capacité d'agir, sa force, son désir de tuer. Imagine un peu, en cas de conflit, quelle formidable machine de guerre, un tel individu représenterait...

— Et ces grognements ? Il... il a perdu la voix ? La mienne est noyée par l'émotion.

— Simple modification par incision des cordes vocales... juste pour le rendre plus terrifiant encore.

— Comment... comment as-tu pu créer une chose pareille ? Je suis atterrée. Te rends-tu compte du résultat ?

— Magnifique, non ? Il bombe le torse.

— Tu es inconscient, c'est une catastrophe !

— Voyons, Sarah, tu étais au courant de mes travaux. Tu y as consacré une interview et tu es prête à collaborer... » Il a un air crédule que j'aurais trouvé craquant si la situation n'était aussi dramatique.

« Attends une minute... j'étais loin d'imaginer que le brillant professeur Carpenter jouait les ersatz du docteur Moreau ou de Frankenstein... »

Je voudrais pleurer en entrevoyant toutes les belles promesses s'écrouler comme un château de cartes mais, les larmes ne viennent pas. Les mots s'étranglent dans ma voix :

« Ce malheureux... ce cobaye... où l'as-tu déniché ?

— Oh... un pauvre type... tu sais les clandestins qui passent nos frontières ? Ils sont démunis, désemparés. Alors, on leur tend une main secourable en faisant miroiter un avenir prometteur... en échange d'une coopération étroite qui vise à encourager les progrès de la science. Attention ! Il n'est pas question de dévoiler les risques qu'ils encourent... »

Mon Dieu, quel cynisme ! L'insoutenable vérité me crève le cœur et l'âme. Le monstre n'est pas derrière les barreaux... il est libre et possède le physique engageant du professeur Carpenter, ravalant un innocent en rat de laboratoire, et... s'approche de moi...

« N'avance plus ! Reste où tu es, je ne veux plus que tu me touches ! »

Une lueur étrange brille dans ses yeux où des petites flammes, prises de la danse de Saint-Guy, témoignent de la démence qui l'habite. David Carpenter a perdu la raison en la poussant loin, trop loin, bien au-delà de ses limites.

« Comprends, Sarah, qu'il faille admettre certains sacrifices pour le profit de la science, donc de l'humanité...

— La science ! La science ! Je ne vois pas l'utilité de telles expériences...

— Tu n'as pas toujours dit ça, ma chérie, rappelle-toi l'enthousiasme qui te transportait lors de notre entretien... »

Il continue d'avancer. Je recule prudemment, dos à la cage, veillant à ne pas me trouver dans la zone dangereuse où la créature pourrait m'accrocher.

« Assez ! Je ne veux plus t'entendre ! Laisse-moi partir !

— Pour aller où ? A la police ? Sois raisonnable, Sarah, calme-toi et écoute-moi ! Bon sang, tu vaux davantage que cette image de jeune écervelée en furie... »

Nous nous immobilisons de concert. Il me faut gagner du temps et chercher un moyen pour me dépêtrer de ce piège.

— Qu'as-tu à me dire ? demandé-je, faussement intéressée.

— Que... lorsque tu es entrée dans ma vie, tu as tout bouleversé. Ce fut comme une bouffée d'oxygène. J'entrevoyais, enfin, la possibilité d'avoir quelqu'un à mes côtés qui m'épaulerait, qui me seconderait. Tu es une femme intelligente, Sarah... tu es apte à partager mes incertitudes, mes hésitations, mais également mes satisfactions, mes succès. Tu ne peux imaginer la désolation ressentie, parfois, au beau milieu de la nuit, quand le doute surgit, quand l'incertitude me tourmente au sujet de l'aboutissement heureux ou non d'une expérience. Le découragement, l'envie de tout envoyer en l'air me gagne, un goût amer me noue la gorge jusqu'au bord de l'étouffement. Une angoisse noire, destructrice, m'agrippe et tente de me pousser vers le néant... »

Il a l'attitude d'un enfant pris en faute et fait presque pitié. Je saisis même des accents de sincérité dans sa plaidoirie.

Je suis prête à reconnaître l'homme dont j'ai été amoureuse car c'est sûr, je cauchemarde et vais me réveiller pour le serrer très fort dans mes bras. Le réveil est brutal...

« Sarah, il faut que je te dise... le tueur arrêté aujourd'hui... c'était... aussi une de mes créatures...

J'explose :

— C'est insensé ! Quelle inconscience ! Ne... ne penses-tu pas qu'il y a suffisamment de malades qui se promènent en liberté... pour qu'il soit nécessaire d'en créer d'autres ?

— Un échec, un mauvais choix... tu comprends que, pressé par le temps, la sélection puisse être maladroite, mais, avec celui-ci... il désigne Josh, qui tourne en rond comme un fauve.

— Ah oui ?... Il faudra expliquer cela aux parents des victimes ! Sans compter, j'en suis persuadée, maintenant... TON tueur me traquait ! Mes appréhensions, mes craintes d'être suivie, mes insomnies... étaient justifiées ! »

Je frôle la crise de nerfs. Irréfléchi, il déballe une nouvelle explication scientifique qu'il me devient insupportable à écouter. J'ai envie de vomir pour évacuer tout le dégoût qui me salit l'intérieur.

« Mon sérum comportait des imperfections. J'avais omis de prendre en considération les réactions au niveau hormonal. Déjà que, il hoquette, mon patient souffrait de déviations sexuelles suractivées, ne demandant qu'à se libérer et à se développer sous l'action d'un traitement visant à maîtriser les inhibitions naturelles... j'ai créé ainsi un obsédé sexuel puissance dix! Heureusement, la potion, imparfaite, je te le rappelle, avait un effet limité dans le temps. D'ailleurs, il doit être devenu inoffensif...

— Par quel miracle, ne m'a-t-il jamais attaquée ? Je fulmine.

— Grâce à moi... un aspect positif, si l'on veut, du défaut du sérum... t'a sauvé la vie. Le désir brûlant de t'agresser le démangeait, mais je constituais un frein à cette tentation...

— Excuse-moi si je me montre ingrate en omettant de te remercier » raillé-je.

Il ne relève pas l'ironie, obnubilé par la suite de ses élucubrations.

« Je pense que cette docilité, à mon égard, provenait du fait qu'une partie du cerveau était étouffée sous l'action du sérum, faisant ainsi resurgir le concept « dominant/dominé » qui, normalement, devait être anéanti. Sa soif de liberté dictée par sa quête de relations sexuelles sauvages, plus forte que tout, a eu pour conséquence que ce misérable refusa d'obtempérer et de rentrer à la maison. Je me suis mis à sa recherche, prétextant l'existence d'un congrès pour activer celles-ci. Je m'étais donné deux ou trois jours, laps de temps que je jugeais suffisant, pour mettre le grappin dessus. J'ai appris, avec soulagement, son arrestation par la radio... »

Son regard brille à nouveau de la lueur mauvaise perçue tout à l'heure.

« L'erreur ne se reproduira pas avec Josh, mon sérum est fiable à cent pour cent... et l'individu, au départ, est normal. Toutefois, il me tarde de le mettre à l'épreuve. Pour éviter les dérapages, je compte lui amener des proies à domicile... »

Je blêmis.

« Sarah, pour l'amour du ciel, partage ma vie, mes expériences, mes secrets, mes ambitions... je te supplie, une dernière fois...

— Jamais ! Tu m'entends ? Je ne veux en aucun cas, devenir la complice d'un fou doublé d'un criminel... »

Je viens de signer mon arrêt de mort et deviens donc... une victime toute désignée pour Josh !

David penche la tête de côté, me sondant, perplexe. Il exécute un pas en avant, je recule.

« Navré, Sarah, je t'ai laissé plusieurs chances... tu les as gâchées... je t'aimais pourtant... pardon, mon amour, mais tu me contrains... »

J'entends l'horrible engeance s'agiter dans sa cage. Quelques mètres nous séparent. Je me retourne, Josh tend ses bras au maximum, le faciès écrasé contre les barreaux, pour essayer de m'atteindre. L'extrémité de ses doigts tremble. Il accompagne ses gestes de grognements lugubres.

Plus question de tergiverser, il me faut agir vite, si je veux sauver ma peau. En un éclair, je juge la situation et... me dirige vers David, souriante.

« Tu m'as convaincue » soufflé-je tendrement.

Surpris par mon revirement, il marque une seconde d'hésitation qui lui sera fatale. Je me jette sur lui, le ceinture, et le projette ensuite, de toutes mes forces, contre la cage. L'empoignade a dû être terrible, affreuse. Du moins, l'imaginé-je, car je m'enfuis sans demander mon reste. Au loin, hurlements et gémissements se confondent en un horrible vacarme.

Déboulant hors de la maison comme une folle en criant à l'aide, je finis par m'écrouler, terrassée par la fatigue et une tension excessive.

Je reprends connaissance sur un lit d'hôpital.

L'inspecteur Garcia, respectueux de mon repos, est assis à côté de moi et feuillette un magazine. Devant mon air interrogateur, il m'explique que la maison du professeur Carpenter a été fouillée de fond en comble puis, mise sous scellés. La police a découvert, dans la cave, le cadavre d'un homme couché en travers de la porte ouverte d'une cage. Je sursaute. Voyant ma réaction, Garcia se tait.

Je lui raconte alors les événements vécus. Il m'écoute attentivement, prenant des notes.

Après le départ de l'inspecteur, diverses questions m'assaillent. Comment la porte de la cage s'est-elle ouverte ? On n'a retrouvé qu'un cadavre, où est le survivant ? Le corps exposé à la morgue, est-ce celui de Josh ou est-ce celui de David ?

Une fois remise sur pied, je quitte l'hôpital et me rends à la morgue, comme me l'a suggéré Garcia, appréhendant que la dépouille ne fût point celle de David Carpenter.

L'inspecteur me raccompagne jusqu'à la sortie.

« Il reste Josh... un véritable fauve en liberté. Je suis étonnée qu'il n'ait pas encore fait de victimes.

— Il est peut-être blessé et il se terre. Une bête traquée ne sachant où aller. Le portrait que vous m'en avez fait a été reproduit sur ordinateur et diffusé à toutes les polices. Des patrouilles renforcées explorent chaque quartier, chaque rue, chaque recoin, avec ordre de tirer à vue si...

— Pauvre Josh...

— Vous le plaignez ?

— Oui, car il n'est en rien responsable de ce qui lui arrive. C'est une victime, une malheureuse victime...

— Que comptez-vous faire, maintenant ?

— Rentrer chez moi et dormir, dormir encore et encore. Mais, avant cela... »

Glissant la main dans la poche de ma veste, j'en extrais ma lettre de démission que je déchire et fais voleter les morceaux autour de moi, en riant aux éclats. Le policier me regarde, ahuri.

Dehors, l'air est frais. Je relève mon col. Dans le ciel, les nuages défilent, lourds et bas. Je m'en fiche, pour moi, le soleil brille !

Des jours meilleurs

« Elle s'est juste un peu débattue... si elle a souffert ? Je ne sais pas, peut-être... après tout, je m'en fiche... une bave blanche a embué le plastique que je serrais autour de son visage... c'était excitant...

— Qu'est-ce que tu me racontes ?

— Voyons, Brandon, n'avions-nous pas projeté de tuer ? » fait-il en haussant le ton.

À l'écoute des propos de Christian, nos voisins de table me prêtent subitement une attention soutenue. Pourquoi me dévisagent-ils, alors que c'est l'autre qui a proféré cette réflexion saugrenue ? En fait, je sais... en imposant naturellement le respect, Christian est de ceux que l'on n'ose toiser du regard. Avec mon air gauche, emprunté, timide, je suis une proie docile, plus facile à désarçonner.

Quelques sourires crispés, deux ou trois remarques dont je ne saisis pas la teneur et je retombe dans l'oubli de la mémoire collective, chacun vaquant à nouveau à ses occupations.

Christian, que la scène a amusé, poursuit, en baissant le son de sa voix.

« Oh, Brandon, descends de ton nuage, veux-tu ? Arrête de faire cette tête d'ahuri, j'ai commis ce meurtre pour t'aider. Tu as la mémoire courte. Dois-je te rappeler ce que j'ai dit lors de notre première rencontre ?... Tuer est l'unique moyen d'accéder à cette force, à cette puissance, qui procure un sentiment d'invincibilité et qui, par conséquent, annihile l'obsession de notre propre mort. Sans compter le plaisir que donne l'acte lui-même... imagine l'ivresse qui te gagne à la vue d'un être soumis, pétrifié par la peur, regardant avec une terreur suffocante le ciseau que tu tiens d'une main ferme, prêt à couper le fil d'une vie précieuse...

Mais, je le répète, nous en avons parlé la semaine dernière et tu semblais persuadé de la véracité de mes dires... je me suis donc exécuté, tu ne vas pas me le reprocher aujourd'hui... »

Je ne peux qu'acquiescer. Christian a raison. Christian aura toujours raison parce qu'il franchit les limites que la pusillanimité m'impose.

Sa capacité d'amplifier la puissance qui l'habite et sa volonté de concrétiser ses pulsions destructrices, s'allient dans une cause identique dont le meurtre est l'aboutissement final. Un penchant obsessionnel pour la mort, différent du mien... différent de cette perception de l'organisme, passant par les deux éléments fondamentaux que sont le sang et le squelette, qui me torture depuis toujours... le sang, liquide fluide, la crainte de se vider... la crainte de la mort, en fait. Le squelette, l'antithèse du sang, représentant ce qui est dur, qui « tient tout ensemble », mais qui risque de se morceler, de se démembrer. Le corps mort, la putréfaction, la charogne... le liquide et le solide se rejoignant dans une même destruction, une identique désintégration de soi...

Et voilà que cette foutue migraine rapplique. Je dois avoir un cachet glissé dans la poche de ma chemise. Le miroir de la cafétéria me renvoie l'image d'un homme fatigué. Les yeux hagards, la main tremblante, je colle la petite pilule sur le bout de ma langue avant de l'expédier, par une goulée brûlante de café noir, au fond de ma gorge serrée.

Un long silence s'installe. Plus rien ne ranimera notre conversation, Christian disparaît comme sur un coup de baguette magique. Je ne peux alors qu'incliner la tête pour mieux... admirer le tableau d'un inconnu, représentant la cafétéria, accroché de guingois au mur. Mon manège ne passe pas inaperçu, il amuse la galerie ; des murmures, suivis de rires étouffés me parviennent d'une table proche.

Cela m'enrage d'être espionné, j'ai l'impression que l'on fouille dans mon intimité, c'est dégradant ! Ce voyeurisme est insupportable. Je ne sais pas ce qui me retient de... enfin si, je le sais. Sans Christian, je suis désemparé. S'il était là, il remettrait ces impudents à leur place, il leur ferait passer l'envie de se moquer. Mais Christian est parti, je ne sais pas où il est allé. Et puis même si je le savais, je n'aurais pas l'audace de le rappeler, par crainte de le déranger. Je suis éperdu, le cachet doit agir de manière soporifique.

Tant qu'il me reste un peu de lucidité, je hèle le garçon pour régler ma consommation. Dans le brouhaha, il ne m'entend pas, trop affairé qu'il est devant les nombreuses commandes à honorer.

Les paupières lourdes mais l'esprit éveillé, je transforme, pour passer le temps, le miroir de la cafétéria en écran de cinéma où elle apparaît dans le champ de la caméra braquée sur une impasse. La vieille femme marche avec peine, ignorant qu'on la suit, enfin, qu'IL la suit...

Tenant à bout de bras un sac de provisions, elle s'arrête tous les dix pas pour changer de main. Le sac déborde, il est trop lourd pour ses pauvres membres, exténués par une longue vie de durs labeurs.

Christian arrive à sa hauteur, échange quelques mots et la soulage de son fardeau. Je comprends sa tactique : il apprivoise sa victime pour faciliter sa sinistre besogne. Arrivés à destination, les gestes lents, précieux de la vieille femme, fouillant dans son sac pour trouver une clé, énervent Christian, impatient de passer à l'acte.

Un tour dans la serrure et la porte s'ouvre sur un couloir sombre. La vieille femme actionne le commutateur mais aucune lumière ne jaillit. L'ampoule, qui n'est pas protégée par un plafonnier, a vécu.

Ils se dirigent vers une porte donnant accès à la cuisine où Christian dépose sa charge. La vieille femme remercie. Confiante, elle n'attend pas qu'il ait quitté les lieux pour tourner le dos et commencer à ranger ses emplettes. Christian extrait d'une poche intérieure de son blouson, un sac en plastique, tout plié. Je sors de la poche de mon pantalon un mouchoir en papier froissé, que je déploie, pour tamponner mon front humide. Ma nervosité tranche avec le calme de Christian.

Trop occupée, la vieille femme ne sent pas la mort qui rôde autour d'elle et qui s'approche sournoisement.

À présent, il s'agit à la fois d'user le mieux possible de l'effet de surprise et de chasser les interrogations qui pourraient tout faire capoter en concentrant toute son énergie sur le but qu'on s'est fixé. La froideur de la détermination ne doit rien concéder à la chaleur de l'excitation, et, revêtant la queue de pie d'un maestro impérial aux gestes harmonieux, il se doit d'accorder ces deux composantes dans une partition impeccable.

Christian se jette sur sa proie. D'une main, que de grosses veines bleues sillonnent, la vieille femme agrippe le poignet du meurtrier, comme si elle craignait de tomber. De l'autre, elle exécute des moulinets, guidés par l'instinct de conservation plutôt que par l'espoir réel de se soustraire à l'implacable étreinte. La lutte est brève. Les traits du visage sont déformés par le plastique, une bave blanche coule de ses lèvres violacées. Une chaude exaltation intérieure m'envahit, identique à celle provoquée chez Christian, à la vue de la chaîne du camée de la vieille femme meurtrissant sa gorge goitreuse.

Elle n'est bientôt plus qu'une poupée de chiffons, molle, désarticulée. Christian maintient sa prise durant un moment encore pour ne la desserrer que lorsqu'il sera certain que la vie a quitté le corps de sa victime.

Livide, les bras ballants le long de mon siège, je respire avec difficulté. Ma tête est prête à exploser de mal. Les yeux plissés, je réduis ma vision du miroir/écran.

« Vous ne vous sentez pas bien, Monsieur ? »

Cette question me ramène dans le moment présent. Je lève le menton et aperçois le garçon au front barré d'une ride soucieuse.

« Merci, ça ira... euh... combien vous dois-je ?

— Vous êtes sûr ? Sinon, j'appelle un médecin... il n'en manque pas ici. Il n'y a que l'embarras du choix, ajoute-t-il avec un point d'ironie dans la voix.

— N'en faites rien, je vous assure que ça va... juste un peu d'anxiété...

— Je comprends... mais je me permets d'insister...

— Laissez-moi tranquille, voulez-vous ? Dites-moi ce que je vous dois, un point c'est tout ! »

Devant mon air agacé, le type n'insiste plus. Il n'est pas dans mes habitudes de rudoyer

Alain Magerotte : *Des jours meilleurs*

autrui. Je ne possède pas l'aplomb de Christian...
et si je viens de jubiler face à sa démonstration,
parfaite, dans l'accomplissement d'un meurtre, je
n'ai pas encore assez de cran pour l'imiter. Aussi,
pour me faire pardonner de tout à l'heure, je me
radoucis quand le garçon vient rendre la
monnaie :

« Merci de vous être inquiété, l'air frais va
me requinquer... à la prochaine ! »

Je quitte la cafétéria de la clinique *Des Jours
Meilleurs*, un dispensaire moderne qui s'érige sur
la Place des Tilleuls, où, depuis qu'on se connaît,
Christian et moi avons l'habitude de prendre un
café. Ici, les murs sont recouverts de velours gris,
conférant à l'endroit, une ambiance feutrée,
propice au besoin de sérénité des pensionnaires.

Mon mal de tête se dissipe curieusement
sous l'effet du vent qui souffle sous les arcades.
Ce ne sera que de courte durée, la céphalée
revenant au triple galop à la pensée de cette
vieille femme... au spectacle de l'extermination
brutale d'une vie. Une expérience pas tout à fait
concluante, mon émotion était encore trop vive.
Une totale maîtrise de soi permettrait
l'accomplissement d'un acte beaucoup plus
significatif. Celui-ci traduirait la réussite de la

thérapie par le dépiautage de la victime, par exemple... un vrai crime de sang mettant à nu les entrailles d'un martyr, sacrifié sur l'autel de la force brute et de l'animosité la plus profonde sans que j'en sois le moins du monde affecté...

Je me raccroche à Christian pour accéder à cette sublimation. Christian, à l'imagination créatrice, m'épaulera alors dans un exploit remarquable qui me verra terroriser un inconnu pour lequel je ne ressentirai qu'hostilité et malveillance, accomplissant mon acte sans sourciller.

« Brandon ! Brandon !... » Mon nom se répercute en écho contre les colonnes du dispensaire, porté par le vent qui me fouette le visage.

J'aperçois Oliver Blow, mon éducateur. Il se précipite vers moi en brandissant un papier et m'annonce, triomphant :

« La délibération est finie. Ton projet de vie a été accepté à l'unanimité. C'est moi qui le superviserai... » Un sourire radieux illumine son visage. Nous tombons dans les bras l'un de l'autre.

Ainsi, ils considèrent que je ne représente plus un danger, que mon psy a réussi à me remettre sur les rails. Son travail de longue haleine a porté ses fruits en me révélant la personnalité de Christian, mon opposé... un opposé cohabitant dans la même enveloppe charnelle...

Oliver se porte garant de ma vie future, je signe une décharge qui me libère.

Ils m'ont trouvé un logement, chez une dame, propriétaire d'une maison en plein centre de la ville. Je prends connaissance de l'adresse, pressé de m'y rendre.

Je marche, l'esprit serein. Christian me guide et je n'éprouve aucune peine à suivre son pas décidé. On arpente une avenue large. Les gens nous cèdent le passage. Nous sommes les rois de la cité !

Cette allure conquérante nous conduit dans des quartiers moins huppés, des endroits plus déserts. Nous touchons au but.

Bientôt, nous gagnons l'entrée d'une impasse, des images déjà vues. Un décor familier. Soudain, j'éprouve le sentiment que Christian me lâche et le supplie de ne pas m'abandonner, pas maintenant. Ma tête cogne, elle va éclater. Je titube comme si j'étais ivre et prends appui contre un mur pour ne pas tomber. Ma valise est trop lourde à porter, je la pose à mes pieds. Je ferme les yeux. Le sol se dérobe sous mes pas. J'enfouis une main tremblante dans ma poche pour prendre un cachet mais mon vertige se dissipe tout à coup, mes forces refluent car... Christian est de retour ! Il ne m'a pas laissé tomber comme je le craignais. Je... on se dirige, déterminés, vers l'adresse, que je connais par cœur, notée sur un bout de papier.

Après avoir sonné et frappé à l'huis, une vieille femme ouvre la porte avec méfiance. Je la gratifie d'un sourire charmant et me présente : Christian Brandon...

Je lui refile ensuite une lettre de mon éducateur, ainsi qu'un réquisitoire garantissant le paiement de la location par l'institut *Des Jours Meilleurs*. Elle étudie les documents en les palpant avec méfiance pendant que je guette, impatient, l'instant de passer à l'acte, les yeux rivés sur le camée qu'elle porte sur sa gorge goitreuse...

RETROUVEZ GEORGES ROLAND

CHANSONS de ROLAND (2008), poésie
LE COUP DU CLERC FRANÇOIS (2010) récit
C'EST LE BROL AUX MAROLLES (2011) roman
CARTACHE! (2012) roman
MANNEKEN PIS NE RIGOLE PLUS (2013) roman
LOUIS BLANC-BIQUET (2013) chronique rurale
LES CONTES DE LUCI (2013) nouvelles
UNE TRAGÉDIE BRUXELLOISE (2014) roman

THÉÂTRE

VOUS FEREZ BIEN D'AMENER VOTRE LANTERNE
(2013), comédie

sous le pseudo Ron DORLAN

LE PANTIN DE L'IMPASSE (2011), roman

Georges ROLAND

romancier

Il se définit comme un parfait bâtard belge, tiraillé entre cultures flamande et francophone.

Il défend parallèlement la langue française et le dialecte bruxellois. Et c'est ce qui fait l'originalité et le charme de son univers. Romans noirs, romans policiers, comédies décalées... Des récits remplis de clins d'œil aux contradictions de notre chère Belgique.

Au détour de quatre nouvelles, il ferme ce recueil avec un poème dédié à Bruxelles.

Vengeance !

On venait d'inaugurer le nouveau tronçon de la rocade reliant le centre-ville à l'autoroute. Depuis des mois on agrandissait le petit pont qui jadis enjambait la vallée où passaient maintenant des bolides sur une aire goudronnée. Du coup, la rue avait changé de visage : on avait rogné sur les jardinets des maisons pour faire de cette quasi-impasse une rue bien fréquentée.

La maison des Lampert prenait maintenant une valeur insoupçonnée, et Philippe pavoisait : sa petite famille allait s'épanouir dans un nouveau décor. Madeleine, fière de son logis, se plaisait à flâner sur le trottoir renouvelé, et emmenait chaque soir la petite Juliette jusqu'au pont, pour regarder passer les voitures de la rocade.

Ce bonheur enfin trouvé par une promotion inattendue de leur entourage, laissait espérer le meilleur avenir. Il y avait chez les Lampert une sorte d'euphorie soudaine, qui resplendissait et éclairait le voisinage. On les voyait toujours souriants, saluant les passants, comme au village, tout heureux de considérer la vie comme cette nouvelle autoroute, vers un avenir meilleur.

Puis vint le jour du coup de téléphone. Philippe s'était précipité à l'hôpital, avait assailli les infirmières et les médecins, puis s'était affalé sur le banc d'un couloir. Plus tard, on l'avait ramené vers la réception, il s'était laissé conduire comme dans un cauchemar, avait sans doute perdu connaissance, puis, au matin, avait repris soudain conscience de son entourage.

Toutes les revues sont jetées pêle-mêle sur la table basse de la salle d'attente. Dans un long soupir, Philippe tend les bras vers le haut, s'étire, étouffe un bâillement. Voilà combien de temps qu'il est là? Que se passe-t-il? Madeleine! Comment va-t-elle? Puis-je parler au médecin?

Un regard à sa montre l'informe qu'il est maintenant huit heures trente-deux. Même pas faim, même pas soif, envie de rien. Juste de savoir ce qui est arrivé. Une infirmière sommée de répondre lui a chuchoté hier que Madeleine avait été admise à seize heures vingt, qu'elle avait été transférée aux soins intensifs, qu'il était question d'une intervention urgente. Elle n'en savait pas plus.

Un choc, encore! Qu'est-il advenu de Juliette? Qui a pris l'enfant en charge, si sa mère est hospitalisée? Où est-elle? Il a appelé sa propre mère à la rescousse, sans réponse. Les beaux-parents sont partis en croisière. Qui donc a pris soin de Juliette ?

Dans la nuit, un policier lui apprenait que Madeleine avait eu un accident. Une voiture l'avait renversée sur un passage protégé devant une école. Une petite fille de neuf ans ? Il n'en avait pas entendu parler. Il semblait que cette dame traversait seule la rue.

Où est Juliette ? Dans la soirée, il s'est présenté désemparé à l'école mais à cette heure tardive, tout était fermé. À la maison, il a fouillé partout dans l'espoir de retrouver le numéro d'appel d'une institutrice ou de la directrice. Peine perdue ; pour toutes ces choses, il s'en remettait toujours à Madeleine.

Égaré, totalement anéanti, il se retrouve dans cette salle d'attente, a épluché tous les magazines, s'est concentré sur les photos, sans les voir. Toujours lui revenaient l'image de Juliette riant sur sa balançoire, le visage de Madeleine lui envoyant un baiser du bout des doigts.

Sans doute s'est-il assoupi, écrasé de douleur. Plus personne ne s'occupait de cette épave vautrée sur un banc. On le prenait sans doute pour un clochard dans un parc.

Lorsque le chuchotement enfle dans le couloir, il ouvre un œil et aperçoit une blouse blanche. Il se précipite :

« Ma femme ? Comment va ma femme ? Je vous en prie !

— Désolé, monsieur, je ne sais pas. Adressez-vous à l'accueil. »

Petit à petit, l'abattement fait place à une rage contenue. On n'a pas le droit de maltraiter ainsi son prochain ! Cette attente dans l'ignorance totale, comme s'ils étaient indifférents à la douleur des familles, lui devient insupportable. Ces quelques minutes de sommeil perturbé lui ont secoué l'apathie, et il se dirige crânement vers le bureau où trône une nouvelle infirmière :

« Philippe Lampert. Ma femme est entrée hier soir en soins intensifs. Je veux connaître son état, je veux la voir. »

Le ton est ferme, quoique tremblant. Il toise la préposée droit dans les yeux, cherche à affirmer une autorité qu'il n'a plus. L'image de Juliette sur sa balançoire lui apparaît encore, tandis que l'infirmière consulte son écran.

« J'appelle le docteur Charles. C'est lui qui s'est occupé de ce cas. »

Sèchement, elle décroche son téléphone, parle trop bas pour que Philippe comprenne ce qu'elle dit, puis vaque à d'autres occupations. Plus un regard pour Philippe, totalement abasourdi. Plusieurs minutes ont passé lorsqu'une voix l'interpelle :

« Monsieur Lampert ? Désolé de vous avoir fait patienter, mais nous voulions tout tenter. Je suis navré, nous avons échoué. Les centres vitaux étaient atteints, et malgré tous nos efforts, nous n'avons pas réussi.

— Vous voulez dire que... balbutie Philippe.

— Elle est morte à quatre heures vingt-huit, ce matin.

— Vous voulez dire que depuis près de cinq heures, vous me cachez la mort de mon épouse ? crie soudain Philippe. Vous êtes devenu fou ?? Vous me laissez me tordre sur un banc de la salle d'attente, sans me prévenir ?

— Vous dormiez. Vous réveiller et vous avertir immédiatement ne vous rendait pas votre épouse, monsieur Lampert. »

La rage quitte subitement Philippe, pour le plonger dans une torpeur douceureuse. Il regarde le médecin avec des yeux soumis :

« Je peux la voir ? Je voudrais la voir.

— Bien sûr, monsieur Lampert. Mais je vous préviens, le moment sera pénible. Nous avons fait notre possible pour la maintenir, mais les lésions étaient irréversibles. Les roues avant et arrière du véhicule lui ont broyé le sommet du crâne. Il vous faudra du courage. »

Dix heures. Lorsque Philippe ressort de la clinique, il est livide, marche comme un zombie, n'a plus aucune perception de ce qui l'entoure. Ce qu'il vient de voir est atroce. Jamais plus il ne pourra imaginer Madeleine lui lançant un baiser du bout des doigts ! Il reverra cette horreur à chaque fois ! Il doit aussi retrouver Juliette.

Il se rend sur les lieux de l'accident ; c'est bien l'école de la petite. Au poste de police, on lui en a indiqué les circonstances : la jeune femme traversait la rue en empruntant le passage protégé en face de la porte principale de l'établissement. La vitesse maximale autorisée à cet endroit est de trente kilomètres par heure. Un véhicule a surgi à vive allure et l'a percutée, la projetant à plusieurs mètres, puis lui est passé sur le corps sans s'arrêter. Pas de trace de Juliette. Personne n'a vu la petite.

Hier, lorsqu'on l'a appelé sur son portable, pour lui annoncer que Madeleine avait eu un accident, il s'était précipité à la clinique, pensant y retrouver l'enfant. Puis la stupeur l'avait totalement perturbé.

Dans cette rue triste, où le macadam a été sablé pour effacer les traces du sang de sa femme, Philippe prend soudain conscience de son avenir. Une vie sans Madeleine, à la recherche de leur enfant. Juliette disparue, plus rien ne pouvait le retenir à la vie. Plus rien n'importait.

Mais il fallait s'assurer de la disparition de la petite. Et pour cela, minuter exactement le déroulement de l'accident.

Il a été prévenu hier à environ dix-huit heures trente. Le policier lui a dit que Madeleine avait été amenée aux urgences vers seize heures. Il leur a donc fallu deux heures et demie pour le prévenir ! Quelle honte !

À l'école, la directrice le reçoit avec componction. C'est une dame d'une cinquantaine d'année, pétrie de bonnes intentions, dont la douleur semble sincère :

« C'était l'heure de sortie. Les mamans attendaient leurs enfants sur le trottoir, d'autres arrivaient encore, dont votre épouse, sans doute. Un bolide a surgi, et l'a heurtée sur le passage protégé. Elle a été projetée sur la rue, à plusieurs mètres...

— Je sais tout cela, madame, la police m'a raconté. Ce que je veux savoir, c'est ce qu'il est advenu de ma fille.

— Juliette ? Elle n'est pas avec vous ? Je croyais que la police l'avait emmenée.

— Pourquoi l'aurait-elle fait puisque Juliette selon vos dires n'était pas avec sa mère ?

— Ce que vous me dites là est troublant, monsieur Lampert. Je dois vous avouer que dans la confusion de l'accident, j'ai un peu perdu de vue...

— Perdu de vue ! Vous vous rendez compte de ce que vous dites ? Vous avez la garde d'enfants et vous les perdez de vue !

— Monsieur Lampert, je vous en prie, gardons notre calme. Je suis formelle : Juliette n'était pas avec sa mère au moment de l'accident. Il n'a donc rien pu lui arriver de grave.

— Rien pu lui arriver de grave ? Mais alors où est-elle ? Montrez-la-moi ! Personne n'est venu la chercher, elle est donc toujours dans votre établissement !

— Impossible. Elle a dû quitter l'école, paniquée sans doute par ce qu'elle a vu.

— Et vous l'avez laissée partir ?

— Attendez, monsieur Lampert. Nous allons

interroger ses condisciples. Sûrement l'une de ses amies saura-t-elle ce qui s'est passé. »

Dans la classe, personne ne sait ce qu'est devenue Juliette. Liza, sa meilleure amie, l'a laissée juste avant de sortir, elle avait son cours de musique juste après. Elle l'a perdue de vue et dehors, il y avait une telle effervescence qu'elle n'a plus pensé à sa copine. Tout le monde avait vu l'auto passer sur le corps de la dame : c'était horrible !

« Tu as vu l'accident ? insiste Philippe.

— Je n'ai vu que la voiture. C'était une voiture verte, très haute, qui faisait beaucoup de bruit. Elle ne s'est pas arrêtée et elle est partie vers l'autoroute.

— Donc, Juliette a vu, elle aussi. Elle a reconnu sa mère, c'est certain. Peut-être se trouvait-elle à quelques mètres d'elle au moment du choc. Quelle image !! Quelle atrocité !! Et il n'y avait personne pour s'occuper d'elle, la réconforter, la prendre dans ses bras ! Vous êtes responsable, madame la directrice. Responsable de la détresse d'une petite fille qui erre depuis des heures dans la ville ! »

La directrice se confond en excuses, mais

sent bien qu'il y aura des suites, que cet homme désespéré n'en restera pas là.

« Nous allons organiser des recherches. Je vous promets de la retrouver très vite.

— C'était hier qu'il fallait penser à cela. Où peut-elle être maintenant, après une nuit, seule, avec une vision de cauchemar ? Sa mère est morte ! Personne ne s'est occupé d'elle ! Je vous hais !!! »

La dernière sentence a claqué comme un fouet. Philippe s'est élancé dans la rue, jetant des coups de pied dans les voitures stationnées, frappant des deux poings les façades des maisons. Madeleine ne pouvait plus rien pour lui, elle gisait dans un bac réfrigéré de la morgue, à la clinique. Juliette avait été happée par la ville, après avoir vu mourir sa mère.

« Oui, je vous hais, grince-t-il. Je vous hais tous ! »

Il avise une haute voiture verte, qui descend lentement la rue. Au volant, une dame d'une cinquantaine d'année, penchée sur son volant, cherche une place pour garer son véhicule. Philippe se plante au milieu de la chaussée, les deux bras levés. « Stop ! » La dame ne comprend pas, s'arrête finalement à quelques centimètres des pieds de l'homme. Celui-ci contourne le capot, ouvre la portière, arrache la dame de son siège et la projette à terre. Il prend sa place dans l'auto et démarre, laissant l'automobiliste pantoise, assise sur le sol.

À droite, vers l'autoroute ! Au rond-point, il emprunte sciemment la bretelle d'accès de la voie de gauche. À contresens ! Au mépris des signaux lumineux et des coups de klaxon des usagers arrivant en sens inverse, Philippe se jette sur la nouvelle rocade et se met à slalomer entre les voitures éperdues.

La voiture est puissante, et très vite, il atteint une vitesse folle. À la radio, on alarme déjà les auditeurs : un conducteur-fantôme sur l'autoroute ! Mais Philippe veut faire durer sa randonnée, il s'évertue à propulser sa voiture latéralement sur les carrosseries, de manière à projeter les véhicules sur les glissières de sécurité. Tuer le plus de monde possible ! Se venger de cette ignominie ! Tuer, tuer, encore tuer !

Au loin, il voit le pont de la rue où ils habitaient, Madeleine, Juliette et lui. La rue du bonheur, dont l'extrémité passe au-dessus de la rocade. Leur maison est là, à quelques mètres, sur la droite.

Il aperçoit plus nettement le pont, d'où une petite fille qui a posé les deux mains sur le profil du garde-fou, regarde passer les automobiles. Plus particulièrement cette haute voiture verte, qui roule à contresens, qui tamponne les autres usagers, les projetant à gauche et à droite, et dont plusieurs font des tonneaux avant de s'immobiliser sur le flanc ou le toit.

La petite fille ne comprend pas pourquoi cette haute voiture verte est devenue folle. Elle la voit zigzaguer, renverser d'autres voitures encore, avant de percuter la pile centrale du pont, juste sous elle, et prendre feu immédiatement.

Au loin, on entend une sirène : les pompiers, la police ? Peut-être une ambulance, comme hier, pour maman.

Juste avant l'impact

La baie est magnifique, le matin. Le soleil pointille l'eau de reflets nouveaux, comme pour une parade dans la Cinquième Avenue. C'est grisant, de se trouver si haut, face à l'océan Atlantique, on se sent maître du monde. À droite, la grande statue lutte de son quinquet contre l'immense lumière qui envahit la ville. Vers la gauche, la vue est obstruée par le profil de la deuxième tour.

Heitor s'est assis dans le grand canapé, face à la fenêtre où l'a conduit l'assistante du grand patron. Gail Pendreszki lui a proposé un café, puis l'a abandonné à son émerveillement. Réservée, mais efficace. Belle femme, aussi, la trentaine, blonde comme savent l'être les Polonaises, et surtout, désirable.

Très vite, Heitor concentre son esprit sur la baie. Même loin de la maison, il veut rester fidèle. Le visage de Belén est apparu dans le reflet de la vitre. Belén, affriolante *Porteña* argentine, rencontrée au mariage d'un ami commun ; Belén dont il partage la vie depuis dix ans, qui l'attend à Sao Paulo avec leurs deux enfants.

Chaque semestre, la compagnie organise une réunion des directeurs régionaux, en mars et en septembre. C'est pour Heitor l'occasion de retrouver ses homologues européens et asiatiques, et de passer en célibataires trois jours dans la ville qui ne dort jamais. Comme les autres sont originaires de l'hémisphère nord, ils s'amusent des bévues de Heitor à propos des congés. Chez lui, septembre marque le début de la bonne saison, les vacances sur son voilier au large de l'île, la pêche avec Raul, l'ainé de ses fils, tandis que Belén et le petit nagent dans les eaux claires de l'océan.

Les autres attendent l'hiver, les vacances sont un souvenir.

Gail vient d'entrer dans la salle, suivie par les deux confrères européens, le Français et l'exubérant Ukrainien Georges Parchenenko. Les inséparables noceurs. Ils accusent déjà les stigmates d'une nuit bien arrosée, qui leur vaudront une remarque sévère de Milton A. Abrams, CEO de la compagnie.

Effusions, café, attente. Les Européens n'ont que faire de la vue sur la baie, l'esprit encore embrumé de relents de bourbon et de *rye*. Les commentaires salaces à propos de la croupe de l'assistante semblent plus faciles à formuler que l'apologie d'une merveille de la nature. D'ailleurs, n'en est-elle pas une, cette créature de rêve? Ici, il ne faut pas s'attendre à des fleurs sauvages et de vertes prairies. Ici règnent le béton, la finance et les affaires. Le cœur de l'univers bat dans les rues dans cette ville, exclusivement. C'est depuis ces deux tours gigantesques qu'il irrigue la terre.

Le Français raconte d'une voix chevrotante comment il a débarqué à *JFK* hier après-midi. Ses bagages *perdus* dans l'immensité des chaînes de récupération, puis le passage à la douane, la suspicion inébranlable des agents. Affaires ? Quelles affaires ? Quelqu'un vous attend ? C'était la *Gestapo* en pleine occupation ! Ils sont vraiment paranos !

Georges Parchenenko renchérit avec la fameuse déclaration à remplir dans l'avion, avant même d'atterrir : non, je n'importe aucune denrée alimentaire, ni fruit, ni légume... À croire qu'ils ont peur qu'une pomme reinette infecte leurs états ! Comme si quelqu'un pouvait les attaquer avec un zeste d'orange andalouse !

Ils me demandent avant chaque vol d'indiquer si c'est moi qui ai fait ma valise, si j'ai un radio-réveil, un transistor, un appareil qui revient de réparation, indique Heitor. Trente minutes d'entretien privé avec un inspecteur US à chaque fois. Comme si nous étions des malfrats ou des comploteurs.

Gail leur propose de renouveler les boissons, mais ils refusent : le café va couler à flots pendant toute la matinée. Elle leur annonce aussi l'arrivée de monsieur Milton A. Abrams, la réunion pourra commencer dès que le directeur coréen, décidément toujours en retard, montrera le bout de son nez.

Après son départ, Georges se penche à l'oreille de Heitor.

— Tu crois qu'elle couche avec le patron ?

— Évidemment. Comment veux-tu, autrement, parvenir à un poste de cette importance ? Abrams couche bien avec les têtes pensantes de *Wall Street*.

— Avec un nom pareil, il doit être juif, non ?

— Bah, quatre-vingt-dix pour cent des habitants de cette ville sont juifs.

— Tant que ça, tu crois ?

— Dis donc, c'est bientôt les vacances pour toi, intervient le Français. Ton yacht est prêt, les cannes briquées, les appâts sélectionnés ?

— Comme chaque année. Et toi, où vas-tu ?

— Je reviens de Grèce, mon vieux. Un paradis ! Des courts de tennis fabuleux, un parcours de golf de toute beauté... J'y retourne l'an prochain.

À l'arrivée de Lee Soo-chan, le directeur coréen, la belle Gail les conduit dans la salle de réunion, sur la façade nord. La vue n'y est pas si belle, mais ici, on va parler de retour sur investissement, de rentabilité et de budget, sans se préoccuper de la qualité du site. La session doit débuter à neuf heures précises, et Milton prévoit d'office un quart d'heure de mise au point préalable avec ses responsables régionaux, durant lequel il peut les invectiver à loisir, pour leur confirmer sa suprématie. Ensuite, on fera entrer les financiers. Un rituel immuable.

Heitor a un dernier regard pour cette baie magnifique, qu'il contemple du haut du quatre-vingt-quinzième étage dans la tour Nord.

Il est huit heures trente. Des bateaux sillonnent la baie, sur son île, madame *Liberty* attend sereinement la visite des centaines de visiteurs que lui amènent les navettes pour touristes. La ville ronronne à quelque trois cents mètres plus bas. Heitor est heureux ; bien que tant éloigné de Belén, il revoit son visage dans le reflet de la vitre, elle lui sourit tendrement :

— *Amorcito, te quiero. Eu o amo tanto.*

— *Eu também o amo, Belén. Eu devolvo*

jejum. Oui mon amour, je reviens vite vers toi, je te le promets. Leurs échanges se font tant en *castillano* qu'en brésilien.

En franchissant la porte de la salle de réunion, Heitor éprouve soudain une étrange sensation. Il le connaît bien, ce lieu, pour y être venu deux fois par an depuis si longtemps, pour y avoir passé des heures tantôt exaltantes, tantôt fébriles. Mais cette fois, il a une appréhension, comme si une force intérieure lui interdisait d'entrer.

Les autres ont pris place autour de la grande table, étalent devant eux les documents qu'ils ont amenés. Lui, doucement, se dirige vers la fenêtre. La partie gauche de la presqu'île, devant lui, ressemble à une mer houleuse et grise, sillonnée de petits coléoptères jaunes. Plus loin, la grande île, les quartiers résidentiels, l'aéroport. L'idée d'un avion le ramène vers Sao Paulo, vers Belèn.

Un ballet incessant au-dessus de JFK retient un instant son attention. Derrière lui, le président-directeur-général de la compagnie fait une entrée remarquée, suivi de son assistante et de deux secrétaires.

— Messieurs, je vous en prie, servez-vous de café, murmure Gail avant de s'asseoir à droite du patron.

Heitor ne parvient pas à quitter la fenêtre. L'impression étrange de tout à l'heure le reprend. Il sent que quelque chose de neuf va se passer. Va-t-on faire une grande annonce concernant la compagnie ? Des dégraissages ? Des fermetures d'agences ? Il sent confusément qu'il ne s'agit pas de la compagnie. C'est là, dans le rectangle de la fenêtre, que cela se joue. Les lointains départs et atterrissages de *jets* retiennent son attention.

L'un d'entre eux semble venir vers *downtown*. Il se rappelle son arrivée de la veille, où l'avion s'était présenté par l'est, à l'entrée de la baie, avait semblé foncer vers la presqu'île, offrant ainsi aux voyageurs la plus belle perspective du monde : *Manhattan*. Il avait ensuite obliqué vers la droite, vers une des pistes de l'aéroport.

L'avion s'est approché. Il n'a pas décollé à *JFK*, puisqu'il est incliné vers l'avant, en phase d'atterrissage. Heitor se tourne vers la table, où Milton vient de lancer les débats. L'entame consiste à invectiver d'importance le directeur ukrainien, qui se fait tout petit.

— On ne vous dérange pas dans vos rêveries, monsieur Dos Santos ! Je vous signale qu'il est maintenant huit heures quarante-cinq, et que la réunion a débuté.

— Excusez-moi, monsieur, mais je regarde cet avion. Il vient droit sur la ville.

— On n'en a rien a fiche, de cet avion ! Votre place est là, parmi vos confrères. J'ai d'ailleurs deux mots à vous dire à propos des comptes brésiliens.

Heitor ne bouge plus. Il est fasciné par la carlingue d'argent, qui capte le soleil d'est, qui grossit, semble narguer la ville.

— Il vient vers les tours, il vient sur nous ! Ce n'est pas possible, pourquoi ne l'arrête-on pas ?

Il a crié. Les autres se retournent, regardent la fenêtre comme un écran. Le *Boeing* est si près qu'on l'entend hurler de rire. Les manipulateurs du monde réunis dans la salle se lèvent tous, écarquillent les yeux, c'est un *thriller* qui passe à la fenêtre : un avion gigantesque leur tend ses ailes. Gail ne peut retenir un cri, et les deux secrétaires se tassent sous la table, suivies du Coréen. Jean et Georges n'ont plus conscience de la réalité. Ils restent bouche bée devant ce spectacle hallucinant. Devant la vitre, tout en fixant le cockpit de cette bombe lancée vers eux, Heitor a une pensée pour Raul, Manoel, puis

Belén. *Eu também o amo, Belén. Eu devolvo jejum.* Je reviens bientôt.

Juste avant l'impact.

Le dormeur

d'après le poème
« Le dormeur du val » d'Arthur Rimbaud

«C'est un trou de verdure où chante une rivière»

Tout est bien. Je suis couché dans l'herbe folle, un petit val qui mousse de rayons. Juste cet oiseau inconnu, qui me rabâche les oreilles avec son « Pit...pit ». C'est agaçant, à la fin, cette complainte monotone.

À ma gauche, une grenouille me dévisage d'un œil câlin, un œil vert qui scintille au soleil. Une petite lueur y sursaute au gré des cris de l'oiseau. « Pit... pit ». Une risée gonflée d'oxygène me gonfle les narines, et sur le dos de ma main, un papillon s'est posé et bat doucement des ailes. Tout est bien. Juste l'oiseau...

J'ai un peu mal au côté droit, comme ces piqûres d'insecte qui se réveillent, lancinantes et sournoises. Une araignée, sans doute. A-t-on idée de se coucher dans l'herbe d'un trou de verdure ? Des mouches ronronnent autour de moi ; une grosse rose scintillante s'est posée sur le bout de mon index, et rutile au soleil couchant comme clignote une lampe. Bon sang quelle idée j'ai eue, de venir dormir ici ? Et cet oiseau de malheur et son « Pit...pit » !

Au-dessus de moi, le soleil perce les frondaisons, m'inonde de sa lumière sans ombre. Tout est bien. Le papillon semble me grignoter la peau de la main, irradie dans l'avant-bras une torpeur délicate. La grenouille cligne de l'œil, et la douleur au côté droit s'accentue un peu. J'ai envie de crier fort, comme je suis heureux, comme j'aime la vie, comme j'aime Bernadette. C'est difficile, car le papillon pèse lourd, et la douleur au côté droit m'empêche maintenant de bouger. Les deux abeilles qui m'ont piqué le flanc de leur dard incandescent vont me le payer. Dès demain...« Pit... pit » me répond l'oiseau d'un ton moqueur.

Que c'est agréable, cet air frais qui palpite la narine, ce murmure de l'eau sur les roches en surface. C'était une bonne idée, de prendre ici le repos attendu. Loin du tumulte, loin de la guerre des hommes. Je porte un habit vert, le ciel est blanc, étincelant, les arbres sont verts, eux aussi, masqués de blanc, peuplés d'yeux exorbités, de sourcils dégoulinants.

L'oiseau s'est tu. Il chante maintenant une note continue « La...ââ » J'entends encore, dans le creux de la forêt, des voix lointaines disant :

« Nous l'avons perdu, docteur.

— Vous pouvez éteindre les moniteurs. Notez s'il vous plaît, heure du décès : deux heures trente-huit, cause de la mort : hémorragie interne. »

À la brasserie Pill, Brusselles

*Ce texte contient des belgicismes et des
expressions typiques bruxelloises*

Madame Godelieve tient son cavalier à distance. Une manière de lui présenter un décolleté plantureux, fraîchement regonflé au gaz pas naturel par les bons soins de la chirurgie et ses tiques. Les deux masses dorées à la lampe UV s'agitent au rythme de la musique, devant les yeux exorbités de Léon Dingault.

Un mambo d'enfer, qui fait virevolter les danseurs de gauche à droite, et inversement, et que Polle Gesfretter, le batteur des Klachkoppe, rythme de sa grosse caisse.

Sur un signe de Ware, l'accordéoniste-chef d'orchestre, le morceau se termine et Léon, toujours galant, va reconduire sa cavalière à la table déjà occupée par son mari. Il en profite pour lui faire compliment des nouveaux appas de madame :

— Fameux travaux de ravalement, Pieter, et bien réussis. Toutes mes félicitations.

— Et c'est du solide, tu sais, tu as vu la cheminée ? se méprend l'interpellé. C'est du granit de Quenast avec de la pierre de Gobertange par en dessous. Il était temps qu'on arrange un peu la vue de sur le devant, tu trouves pas ? Tout a l'air remis à neuf.

Un peu dérouté, Léon hoche la tête, puis s'incline une dernière fois devant madame

Godelieve, qui profite de l'occasion pour se regonfler à bloc.

— Godelieve, ce fut un plaisir.

Elle rougit jusqu'au nombril, et envoie avec les cils un message en morse vers son interlocuteur. Cela dit à peu près :

— Merci. Bons baisers, on se téléphone et on se voit dans une intimité plus propice à l'échange, dès que tu le voudras.

Certaines soirées à la brasserie Pill sont d'une rare intensité. Lorsque Ware et ses Klachkoppe viennent musiquer, que Kanga, le serveur noir a débarrassé la piste de danse centrale, aidé de Marcel, le patron, et que Bertha et son mari ont ouvert le bal en dansant Zatten Dreï, on est parti jusqu'aux petites heures, au mépris des voisins.

La salle de restaurant se transforme en bal populaire, et les clients, des habitués, descendants d'expatriés au Congo belge, oublient leurs soucis au son de l'accordéon. Il y a là, mélangés, les enfants des partisans de la chicotte et ceux des chicottés venus coloniser Bruxelles. En somme, les anciens et les nouveaux colons.

Madame Godelieve, madame Bertha et madame Gilberte sont les dignes représentantes de la première catégorie, jeunes femmes dynamiques à Luluabourg, aujourd'hui recyclées en bistrotière ou nettoyeuse de rames de métro. Dans la seconde, on peut compter Kanga, étudiant à l'ULB garantissant ses minervals par un emploi de serveur extra, avec comme client son oncle Dieudonné, directeur de projet dans une entreprise de contrôle de qualité. Un univers éclectique.

Dans un coin de la salle, le commissaire Guy Carmel sirote sa quatrième gueuze en regardant évoluer les couples. À côté de lui, Jacques Goreil, chef de la police scientifique, a l'air d'un croque-mort au chômage. Aujourd'hui, la monture de ses lunettes est vert-pomme, ce qui contraste avec son costume noir impeccable, et son teint de plâtre frais. Les deux compères viennent d'engloutir un double duo de ris et rognon au madère dont Bertha détient le secret, et ne redoutent pas la probable crise de goutte consécutive à cette orgie.

— On se la finit avec un petit Chassart ? propose Guy d'une voix suave.

— Ah non ! s'écrie son convive, le Chassart, depuis la soirée chez toi, c'est terminé. Plus jamais !

Le commissaire y va d'un rire franc et

massif : le souvenir de Jacques Goreil encore plus blanc que d'habitude, aux traits coulants, au regard perdu dans l'immensité de la gueule de bois, lui revient en mémoire.

— Trois bouteilles de Chassart en une soirée, c'est beaucoup, j'avoue.

— Un commissaire de police qui avoue, c'est rare. D'habitude...

— D'habitude, je parviens à résoudre mes enquêtes ! s'emporte le commissaire. Et celle-là elle me reste en travers du gosier. Quatre morts et pas de suspect, je ne supporte pas.

— Le Chassart t'aide à oublier, ou plutôt, à cicatriser. Rien de tel qu'une bonne migraine pour te changer les idées noires.

— Je n'ai pas dit mon dernier mot, ça tu peux le savoir. Cette histoire me turluchose tellement que je n'ai pas vu arriver les embrouilles avec Susse. Tu sais qu'il s'est mis en ménage avec Arlette ?

— Ton stagiaire pollueur ? Avec ta fille ? C'est la meilleure ! J'espère qu'il est plus efficace en relations humaines qu'en protection d'une scène de crime.

— Oh, je peux le comprendre ! C'étaient ses premiers cadavres, et il faut reconnaître qu'ils n'étaient beaux à voir. C'est normal que tu vomis ton dîner quand tu vois ça.

— Mais pas sur ma scène de crime. Et pas deux fois de suite. Il ferait bien mieux de vendre des frites que de travailler à la police judiciaire.

— C'est pas un métier d'avenir, ça, les frites. Tiens, demande à Marcel. Il prétend que le fritkot de la place a été racheté par les Chinois. Tu vas voir que bientôt, en bas de ton cornet, tu vas lire « made in PRC ». Même le pickles va venir de là-bas. Demos et Vellens n'ont qu'à bien se tenir, fieu ! La mayonnaise à l'huile de riz, ça va faire drôle.

— Ajoutons des œufs de cent ans, pour faire plus comique...

— Moi je rigole pas avec ça, tu sais. J'aime beaucoup mieux les œufs de poule. Non mais tu te rends compte, Jacques, comme tout est en train de changer ? Nous quand était gamins, on avait l'avenir ouvert devant nous. C'était une grande porte, qu'est-ce que je dis une porte ? un panorama ! Ton père te disait « Menneke, mènnant tu vas aller travailler. » et tu y allais. Aujourd'hui, le ket qui a fini ses études, son père lui dit : « Fiske, tu vas aller t'inscrire au chômage, sinon je touche plus mes allocations familiales. »

Qu'est-ce que tu dis en bas de ça? Les jeunes, le jour d'aujourd'hui, c'est même pas une grande porte qu'ils ont devant eux, c'est un couloir qui rétrécit!

— La porte de Gide, quoi? Arrête, tu vas nous faire pleurer. Tu as un boulot qui te plaît? Tu n'es pas malheureux? Ta fille resplendit? La vie est belle!

— Sauf quand je sais pas résoudre une enquête et que je n'ai rien d'autre à me mettre sous la dent pour faire passer la pilule.

Léon Dingault est venu les rejoindre, et s'assied délibérément entre eux.

— La sauce madère ne te convient pas ce soir, Guy. Tu as l'air morose.

— L'affaire du dépôt lui pèse sur l'estomac, indique Goreil. Quatre cadavres et pas de meurtrier, ça le démotive.

— Tu me connais, Léon, un tueur en série qui court les rues de Bruxelles, ça m'en fiche un coup.

— C'est terminé depuis des semaines. Il est sans doute reparti vers d'autres cieux.

— Le problème, avec notre commissaire, c'est que lorsqu'il n'a rien à mettre sous son nez de limier, il s'ennuie, et il ressasse. Regarde-le,

164

comme il est triste de ne pas avoir un bon crime à élucider. Bruxelles est devenue trop calme pour lui. Il va en arriver à regretter le bon vieux temps de Chicago des années trente. Al Capone, Dillinger, Bonnie et Clide... Voilà son domaine.

— Je n'en demande pas tant. Juste un petit crime, même passionnel, pour me remplir un peu l'esprit, tu vois ?

— Je peux tuer ma belle-doche, si ça peut te faire plaisir. Justement, je me demandais comment faire pour que tu ne te doutes pas trop vite que c'est moi, juste pour faire durer le plaisir. Tu as une idée, Jacques ?

— Moi, je ne réalise que des crimes parfaits. Le commissaire n'en entend même pas parler. C'est facile : il suffit de convaincre le médecin qu'il s'agit d'une mort naturelle, il signe le permis d'inhumer, et salut la compagnie. Ni vu, ni connu.

— Ne me fais pas rire, Jacques. Si c'était facile, on verrait moins de gens au commissariat. Il y a toujours un petit malin qui pose LA question. On exhume, on vérifie, et le cadavre parle. Alors on va chercher le meurtrier, et il est bien obligé d'avouer.

— Tu crois que le crime parfait n'existe pas ?

— Neuf fois sur dix, il y a un couac. Une empreinte oubliée, une trace, un objet insolite. C'est mon boulot de trouver ce couac.

Un quatrième convive s'écroule à leur table, c'est l'inspecteur Bertrand Dughesclain.

— Je dérange pas ? On sera juste assez pour une partie de couyon... Allez, c'est ma tournée.

Au comptoir, les trois égéries de la soirée n'en peuvent plus de contempler l'aréopage de mâles de la salle. La conversation se déroule sur un mode mineur, comme un complot de terroristes hawaïens. C'est Bertha qui préside la session :

— Doucement, Gigi, je ne dis pas que Marcel... attention, il arrive juste. (À voix claire) Tu mets trois clous de girofle en fin de cuisson, comme ça ils gardent bien tout le goût.

Après le départ de son époux, elle reprend le même ton de conspiratrice :

— Je ne dis pas que Marcel n'est pas bien. Je dis simplement que Bertrand a quelque chose.

— En plus, tu veux dire ? Oué, il a sa moustache ! Et ça je peux t'avouer que ça donne du sel, tu sais. C'est mieux que tes cous de girafe ça je te garantis.

— On dirait que tu l'as déjà goûté, ou quoi ?

s'immisce Godelieve.

— Non, peut-être! Une moustache comme ça, si tu n'as pas goûté ça au moins une fois dans ta vie, tu sais rien de rien, ma vieille! Pourquoi tu crois que les latinos ils ont tous ça? Car c'est pour faire craquer les filles! Un baiser sans moustache, c'est comme un biftek sans moutarde, qu'ils disent les Italiens.

— Tu mets de la moutarde sur un biftek, toi? rétorque Bertha. Moi je crois que les Italiens y s'y connaissent mieux en macaronis qu'en biftek.

— C'est drôle que les Noirs ils ont pas une moustache, reprend Godelieve. Pourtant j'en ai connu beaucoup.

— Ça tu peux le dire! éructe Bertha.

— Il y avait juste Patrick Lemamba. Il était mignon avec son bouc! Mais on le voyait que quand on était tout contre lui...

— Çui-là, comme serpent à sornettes, il savait contre le vent, surenchérit madame Gilberte. Tu as bien entendu toutes les flooskes qu'il racontait, non? Il critiquait même le roi, dis!

— Oué mais on cause pas de ce peï, coupe Bertha. C'est de Bertrand et de sa moustache. Tu vois, Gigi, je voudrais bien savoir quel effet ça fait quand on embrasse une moustache.

Madame Gigi entre en rêverie comme d'autres en religion :

— Och, Bertha, c'est comme tu dirais un dîner de gala. D'abord, ta lèvre se pose sur quelque chose de doux, comme de la watte, et puis par en dessous ça pique. C'est doux et sucré, et puis ça pique et puis ça redevient sucré...

— Surtout s'il a mangé de la mousse au chocolat avant, et qu'il y en a encore dans ses poils, précise madame Godelieve en fine exploratrice de saveurs nouvelles.

Elle se tait sous le regard fulgurant de madame Gilberte, qui poursuit avec lyrisme :

— Tu passes du plat de résistance au dessert aussi longtemps que ta bouche est dessus.

— Ça fait un peu mal, alors ? s'inquiète Bertha, subjuguée.

— Juste assez pour de nouveau bien sentir le doux de la watte après. Et je te prie de croire que Bertrand il sait se servir de sa moustache.

— Les Italiens aussi ils aiment bien les moustaches, intervient madame Godelieve.

— On te parle pas des Italiens, Godelieve ! Et pas des Japonais non plus, et pas des Portugais ni des Sénégalais. Tu vas une fois cesser de toujours penser à des étrangers, hein ! Bertrand, c'est un vrai castar belche et même de Brusselles. Si tu continues à radoter comme ça je te sers plus rien.

— Eh bien je demanderai à Kanga, il sait rien me refuser.

— Avec toi ça revient toujours à des Noirs! Bon allez, on reprend une tournée de lambik, c'est pour moi.

Pendant ce dialogue digne de carmélites révisionnistes, Marcel s'est rendu à la table du commissaire :

— Holà dites donc! Les gueules d'enterrement! Vous avez besoin d'un remontant, les trois, et d'urgence encore. Bertha! Amène la bouteille de Chassart!

— Ah non, pas de Chassart, s'écrie Jacques Goreil. Buvez ce que vous voulez, moi, je continue à la gueuze. Et puis non, je retourne chez moi. Bonsoir la compagnie.

Il quitte la salle sous le regard catastrophé du patron :

— J'ai dit une bêtise?

— Te biles pas, Marcel, c'est juste qu'il a des souvenirs douloureux avec le genièvre.

L'inspecteur Bertrand ressent soudain sur sa nuque l'incandescence du regard de Bertha.

Lorsqu'il se retourne vers le bar, leurs yeux se croisent en une gerbe étincelante comme un bouquet de 21 juillet. Bonne élève, la patronne a appris de madame Godelieve l'art de la transmission ciliaire et envoie un message nullement codé : «disponible dans les plus brefs délais pour un essayage de moustache.»

S'il n'avait déjà le teint brique des amateurs de lambik et dérivés, Bertrand en rougirait jusqu'aux oreilles. La sensation de la hanche du mari contre son épaule le pousse cependant à refréner l'extériorisation de ses sentiments. Il se contente de répondre d'un clin d'œil trop appuyé pour échapper à la vigilance de Godelieve et Gilberte :

— Eh bien ma fille, tu perds pas de temps, toi ! constate la technicienne de surface de métro. Laisse-moi quand même une minute pour faire sortir Marcel, qu'il voit pas comment tu goûtes à cette moustache.

— Tu sais bien causer sur les autres, ajoute Godelieve, mais il me semble que tu n'es pas une sainte Nitouche non plus.

— Je fais rien que juste la regarder, se défend Bertha. C'est pas un crime, de regarder une moustache.

— Surtout quand ton mari est retourné de l'autre côté! Tu zwanzes ou quoi? Je vais t'arranger le coup : je demande à Marcel de venir me livrer demain un bac de gueuze à la maison, et toi tu appelles ton moustachu.

— Et tu en profites pour goûter à Marcel, sans doute? Je te connais, Godelieve, tu sais pas laisser un homme tranquille, toi. Déjà que j'ai des doutes avec Kanga...

Madame Bertha s'est approchée de l'inspecteur Bertrand, et ne se prive pas d'une vue imprenable sur l'objet de sa convoitise. Sa petite taille lui offre la perspective en contre-plongée d'une rangée de poils minutieusement ordonnés, couleur poivre et sel, rigoureusement taillés au niveau de l'ourlet de la lèvre. Elle tremble d'envie de passer l'index dans le sens du poil, pour en apprécier la douceur, puis en remontant vers les narines, pour en ressentir le piquant. La proximité de son époux l'empêche cependant d'exécuter son dessein. Elle devra ce soir, se contenter de regarder et d'imaginer.

Demain, qui sait?

Il y a dans Bruxelles

Les rues de mon enfance, aux maisons surpeuplées,
Dans les cuisines-caves où vivaient les anciens
Et les chambres cachées sous les toits, esseulées ;
Les marchands ambulants que poursuivaient les
chiens.
Le vent nous apportait des senteurs animales,
Le cheval du crémier, l'âne du rémouleur,
Les relents enivrants de denrées coloniales :
Chaque chose en ce temps prodiguait sa couleur.
Au parfum de ton nom dans l'air que l'on respire,
Il y a dans Bruxelles un pronom qui m'attire.

L'appel des camelots par-dessus la pagaille,
Les vendeuses d'agrumes au regard implorant :
Trois citrons pour cinq francs, attention la flicaille
Nous embarque illico lorsqu'elle nous surprend !
À l'automne venu on rôtit les châtaignes
Chauds, chauds, les marrons chauds que l'on vend à
prix d'or.
Pas besoin d'emballage aux allures d'enseigne,
Dans le pan d'un journal la brûlure s'endort.
Au parfum de ton nom dans l'air que l'on respire,
Il y a dans Bruxelles un pronom qui m'attire.

Saint-Jacques bord de Senne ou quartier des Marolles
Aux impasses feutrées, victimes des boursiers,
Vous avez des accents imprégnés de gloriole
Qui firent les beaux jours de commis épiciers.
Dans la rue un crieur sans doute de Hollande
D'un geste familier propose ses harengs,
Une vieille ridée vous réclame en offrande
Sept francs pour un litre de potage odorant.
Au parfum de ton nom dans l'air que l'on respire,
Il y a dans Bruxelles un pronom qui m'attire.

Mon école a un maître parfait en musique,
Et sa voix de stentor, à travers les préaux,
Nous rappelle que l'ordre est ici sans réplique,
Qu'il n'est de bons garçons que soumis et féaux.
La rue nous appartient, jeunes chiots dont l'audace
N'a d'égale que la volonté d'exister.
À quatorze ans à peine, un sourire à la face,
Je m'en vais au café pour apprendre à twister.
Au parfum de ton nom dans l'air que l'on respire,
Il y a dans Bruxelles un pronom qui m'attire.

Est-ce la nostalgie ou bien l'agacement
Que le fil de nos jours ait perdu notre empreinte?
Le démon de l'enfance apparaît en tourment,
La vie se chargera d'en éroder l'étreinte

174

Georges Roland : Il y a dans Bruxelles

Comme abdique la mer lorsqu'elle se retire.
Les jours anciens sont morts, et les rues et les gens.
Le parfum de ton nom dans l'air que l'on respire,
A fait place aujourd'hui à l'odeur de l'argent.
Il y a dans Bruxelles un pronom qui m'attire.

Table des matières

Dépôt légal : D/2014/11674/**16**

Imprimé en numérique